I0070007

Az Üzlet Öröme

Írta: **Simone Milasas**

Gary M. Douglas hozzájárulásával

Mi van, ha az üzlet az élet kalandja?

A **Joy of Business** magyar változata

Eredeti cím: *Joy of Business*

Fordította: Habalin Gyula és Dienes Maja

Copyright © 2012 Simone A. Milasas

ISBN: 978-1-63493-249-3

Minden jog fenntartva. Ennek a kiadványnak semelyik része sem sokszorosítható, tárolható digitálisan és nem adható tovább semmilyen formában, legyen az elektronikus, mechanikus, fénymásolt, felvett vagy bármilyen más forma, a kiadó előzetes írásos engedélye nélkül.

A könyv szerzője és kiadója nem tételez fel és nem garantál semmilyen fizikai, mentális, emocionális, spirituális vagy pénzügyi eredményt. Az összes a szerző által említett termék, szolgáltatás és információ általános oktatási és szórakoztatási célt szolgál. A könyvben leírt információk nem helyettesítik a szakorvosi vagy bármely egyéb szakértői tanácsadást. Amennyiben a könyvben található információ bármely részét a saját életében alkalmazza, a szerző és a kiadó semmilyen felelősséget nem vállal az Ön tetteiért.

Kiadta:

Access Consciousness Publishing, LLC

www.accessconsciousnesspublishing.com

Nyomtatva az Amerikai Egyesült Államokban.

Második kiadás

Az első kiadást a Big Country Publishing, LLC adta ki.

A könyvről

Ez a könyv neked szól, ha szeretnél üzletben lenni, és teremteni, generálni valami teljesen mást magadnak és a bolygónak. Az üzlet vagy a munka – akárhogy is nevezd – egy hatalmas hajtóerő abban, ahogyan alakítjuk az életünket, élésünket és valóságunkat. Beleragadtál az üzletelés egy megszokott módjába, ami korlátozottnak, laposnak vagy profitmentesnek érződik? Nem kell így lennie. Mi van, ha az üzletelés lehet kreatív, generatív, és még örömteli is? Lehet!

A *Joy of Business* (Üzlet Öröme) arról a különbségről szól, ami lehet az üzlet. Ez nem egy „hogyan csináld" könyv. Nem célja, hogy válaszokat adjon az üzleti problémáidra vagy dilemmáidra. Helyette kinyit neked egy olyan teret, amiben az üzletet egy teljesen más úton leszel képes végezni. Vannak benne kérdések, gyakorlatok, eszközök és processzek, amiket használhatsz. Ezek más perspektívát adnak azzal kapcsolatban, hogy hogyan teremtheted az üzleted és az életed.

Én nem vagyok az üzletek szakértője, legalábbis nem a megszokott értelemben. Nincs rengeteg üzleti diplomám, képesítésem, és nincs rengeteg betű a nevem előtt vagy mögött. Amit viszont nyújtani tudok, van több évnyi személyes tapasztalatom az üzlettel a világ minden tájáról; és az a nézőpontom, hogy az üzlet örömteli. Szeretném megosztani a *Joy of Business*t veled, és invitálni arra, hogy kövesd a tudásod, tegyél fel magadnak kérdéseket, és hogy használd az Access Consciousness néhány csodálatos eszközét, amik megváltoztathatják a módját annak, ahogy üzletelsz, örökre.

Tartalomjegyzék

Ajánlás – végtelen hálával

Ezt a könyvet – *Joy of Business (Üzlet Öröme)* – az életem két csodálatos férfijának szeretném ajánlani:

Édesapámnak, aki az elejétől fogva bátorított, hogy tanuljak többet az üzletről, és hozzam meg a saját választásaimat. Akkor is szeretett, amikor egyáltalán nem hallgattam rá. Mindig rendkívül büszke volt rám. Szeretlek, Apa. Nyugodj békében.

Gary Major Douglasnek – az Access Consciousness alapítójának – aki masszív hozzájárulás volt ehhez a könyvhöz, az életemhez, az élésemhez és a valóságomhoz. Megmutattad nekem, és folyamatosan rámutatsz arra, amit mindig is tudtam, hogy lehetséges. Köszönöm.

Örökké hálás vagyok mindkettőtöknek.

Szintén szeretném kifejezni köszönetemet mindenkinek, akivel találkoztam az életemben. Nagyon szerencsés voltam, hogy sikerült csodálatos barátokkal és családdal körülvenni magam, akik folyamatosan hozzájárulások számomra. Köszönöm. Hogy lehettem ilyen szerencsés?

Dona, te vagy a bolygó legcsodálatosabb lektora. Köszönöm a türelmedet. Hogy lehet még ettől is jobb?

Dain, köszönöm a soha véget nem érő kedvességet, amit megmutattál nekem.

Brendon, te vagy az ajándék, aki folyamatosan ad.

Előszó

Egy napon beszélgettem a barátommal, Gary Douglasszel – az Access Consciousness alapítójával – arról, hogy mit csinált egy közös barátunk az üzletében. Azt mondtam: „Amit ő csinál, annak számomra semmi értelme".

Gary megkérdezte: „Hogy érted, hogy számodra semmi értelme?".

Válaszoltam: „Hát, miért választaná ezt? Semmi öröm nincs ennek az üzleti döntésnek a meghozatalában. A döntése egyik része sem fog nagyobbat teremteni". Láttam, hogy ezzel kinyírja azt, ami lehetséges lenne.

Gary azt kérdezte: „Hogy érted, hogy nem örömteli?".

Azt mondtam: „Hát, az üzletet az öröméért csinálod!".

Gary azt mondtam: „Nem, ez nem így van".

Pofára estem. Azt mondtam: „Dehogynem! Mi másért csinálnád?".

Gary aztán azt mondta: „Simone, te vagy az egyetlen általam ismert személy, aki az üzletet az öröméért csinálja! Ebben a valóságban nem az örömért üzletelnek".

Így kezdődött a beszélgetésünk az üzlet öröméről. Azóta felfedeztem, hogy sok ember van, aki azt hiszi, hogy nem kedveli az üzletet, és szintén vannak jópáran, akik az üzletet örömtelinek tartják. Szeretném, hogy te is az egyike legyél ezeknek. És invitálnálak, hogy változtass meg bármilyen nézőpontot, ami szerint az üzlet nem – vagy nem lehet – örömteli. Ez a meghívásom a számodra.

Mi lenne, ha az üzlet szórakoztató lenne; és még pénzt is kereshetnél?

Első fejezet

Kezdeti lépéseim az üzleti világban

Mindig is szerettem üzletelni. Sydney-ben nőttem fel, és amíg a barátaim arról beszéltek, hogy majd egyetemre fognak járni, megházasodnak és gyerekeik lesznek, ezek a dolgok engem sosem érdekeltek. Mindig is tudtam, hogy vállalkozni fogok. Fogalmam sem volt, hogy milyen is lesz valójában, csak azt tudtam, hogy lesz egy vállalkozásom. Számomra ez volt a legkreatívabb dolog, amit csak tehettem. Számomra egy vállalkozást működtetni olyan mintha művészként egy üres vászon előtt ülnék. Megérkezik az ötletszikra, és kérdéseket teszek fel, mint például: „Mi kellene ahhoz, hogy ez megvalósuljon?". Mindig is ilyen szemmel láttam az üzletet.

Amint elvégeztem a középiskolát, elkezdtem dolgozni. Három hónap alatt félretettem 3000 dollárt, és aztán a tengeren túlra költöztem. Három éven keresztül Angliában,

Portugáliában, Ausztriában és különböző görög szigeteken dolgoztam és utazgattam. Bármilyen munkát elvállaltam, ha lehetővé tette, hogy utazzak és világot lássak. Görögországnak Szantorini nevű szigetén egy olyan munkát vállaltam el, ahol egy étterem előtt állva az arra járóknak ezt mondogattam: „Üdv! A figyelmébe ajánlhatnám Captain Angelo mai vacsora kínálatát? Három különleges ajánlatunk van, és egy pohár ingyen bor is jár az étel mellé". Napi négy órán keresztül csináltam ezt, és ezzel elég pénzt kerestem, hogy fedezzem a napi kiadásaimat. Más lehet, hogy panaszkodott volna erre a munkára, de az én hozzáállásom az volt, hogy: „Persze! Megcsinálom". Nem számított, hogy mi volt az, mindig sikerült örömtelivé és bulissá tennem a munkámat. Mindig is érzékeltem a lehetőségeket, amiket a munka és az üzlet teremteni tudott az életemben, és hiszem, hogy a munkához és az üzleteléshez egy kreatív és örömteli hozzáállás lehetővé teszi, hogy egy rendkívüli, vagy akár egy csodálatos életet éljünk.

Amikor visszatértem Ausztráliába, mindenki vállon veregetett és azt mondták: „Ezt jól letudtad, eleget utaztál egy életre".

Erre én: „Micsoda? Ez még csak a kezdet volt!".

Az első vállalkozásomként a sydney-i hétvégi utcai vásárokban árultam termékeket. Attól kezdve, hogy a saját testápolót, frissítő sprayt és test csillámot gyártottam, egészen addig, hogy más forrásokból beszerzett termékeket kiskereskedőként továbbadtam, mindenfélét csináltam. Szombaton a Glebe Marketen, vasárnap a Bondi Beach piacán árultam. Egy olyan életformát akartam kialakítani, ahol hétvégenként termékeket árulok a piacokon, és az életet is élvezhetem.

Az volt a célom, hogy elég pénzt keressek ahhoz, hogy Új-Delhibe utazhassak, és vehessek árut, amit aztán ausztrál fesztiválokon eladhatok.

Rövid idő alatt megkerestem a pénzt arra, hogy Indiába utazhassak. Új-Delhinek egy Paharganj nevű negyedébe mentem, ahol füstölőket, textíliákat, indiai karpereceket, ékszereket és ruhákat árultak. Paharganj elképesztő, ez az egyik legforgalmasabb hely, ahol valaha jártam. A tehenek, amiket az indiaiak szentként tisztelnek, bármerre kószálhattak, így a földút közepén baktattak a taxik, a biciklik, az ökrös szekerek, a lovaskocsik és a gyalogosok között. Az utcai árusok az út mindkét oldalán szinte ugyanazokat az árukat kínálták, alkudoztak a vásárlókkal és a járókelőkkel. Néha egészen 55 Celsius fokig is felment a hőmérséklet. A mindenhol jelen lévő utcai ételárusok megtöltötték a levegőt a jellegzetes indiai fűszerek illatával. A hőséggel és az intenzív szagokkal számomra mindez nagyon izgalmas volt. Mocskosnak és nyomasztóan kaotikusnak is láthattam volna – mert ilyen is volt – vagy az egyik legegzotikusabb és legérdekesebb helynek ezen a bolygón. Még csak akkor érkeztem és már is imádtam. Fogalmam sem volt, hogy hogyan fogok beszállítókat találni, azt tudtam, hogy meg tudom őket találni, csak azt nem, hogy ez hogyan fog kinézni. Kíváncsivá tett az indiai üzletkötés kalandja. A hozzáállásom az volt, hogy: „Lássuk, hogy mi bukkan fel!". Ahogy sétáltam erre-arra, megfigyeltem, hogy milyen portékájuk volt az árusoknak. Amint rápillantottam valamire, rögtön elkezdtek alkudozni, hogy mennyit adnék érte. Ez eléggé intenzív tudott lenni.

Láttam, hogy könnyen rávették az embereket, hogy sok olyan terméket vegyenek meg, amiket nem biztos, hogy el tudnak majd adni otthon, és mindig éber voltam arra, hogy kinél van a kontroll ezekben a szituációkban. Üzletileg kényes helyzetek voltak, és ez nagy örömmel töltött el. Mintha ösztönösen tudtam volna, hogy kérdéseket kell feltennem ahhoz, hogy én irányítsam az eseményeket. Megkérdeztem, hogy mi micsoda és hogy milyen színekben vannak, mennyi lenne az ára, ha egyet vennék, vagy tízet vagy százat. Az árusok között sétáltam, feltettem a kérdéseimet és jegyzeteltem, majd visszatértem a szállodámba, hogy átnézzem a jegyzeteimet.

Ami nagyon érdekes, hogy matekból megbuktam az iskolában. Utáltam a matematikát, és nem is ment jól, de ott Indiában elő kellett állnom a számításokkal az importálással, exportálással, az árazással kapcsolatban, és egyszerűen megcsináltam. Tudtam, hogy sikeresen tudnék termékeket importálni. Azt is tudtam, hogy kell valakit találnom, aki képben van, hogy milyen papírok szükségesek az exportáláshoz, és tudtam, hogy ki kell számolnom a költségeket. Tehát szó szerint az utcán járkálva, emberekkel beszélgetve gyűjtöttem össze a szükséges információkat. Hajlandó voltam mindenre éber lenni, ami ahhoz volt szükséges, hogy létrehozzam az üzletemet.

Amikor üzletelsz, hajlandónak kell lenned arra, hogy mindened meglegyen és hogy mindent elveszíts. Nem szabad ragaszkodnod az elképzelt eredményhez. Ha akkor, azon a ponton ragaszkodtam volna ahhoz, hogy bizonyos árukat meg kell vegyek, a kereskedőknél lett volna a kontroll, ők határozhatták volna meg az árakat, és az áruk egyéb paramétereit. Mivel nem ragaszkodtam az eredményhez, ezért nem siettem el a dolgot. Semmit nem erőltettem. Hajlandó voltam várni, hogy a dolgok felbukkanjanak, és meglátni, hogy mi lehetséges, ami azt jelentette, hogy én kontrolláltam az árakat, a mennyiséget és egyéb tényezőket. Nagyon kalandos és örömteli érzés volt pénzt keresni, és így élni az életemet. Tehát megvettem az árukat Paharganjban, és eleinte a bőröndjeimben vittem őket haza Ausztráliába. Később találtam két muszlim sejket, akik az exportőreim lettek. Fantasztikusak voltak. Indiából légi szállítmányozással juttattam el az árut Ausztráliába, és a sydney-i piacokon eladtam őket, amivel 3-4000 ausztrál dollárt kerestem hetente azzal, hogy heti 2 napot dolgoztam a piacokon. A fennmaradó időmben tengerpartra jártam, új ötletekkel álltam elő a piacokkal kapcsolatban, és a tengeren túli beszállítókkal foglalkoztam. Úgy tűnt, nagy életterem és sok szabadidőm van. Boldog voltam. Néhányan azok közül, akik a megszokott 8 órás beosztásban dolgoztak, azt mondták: „Simone, keress magadnak egy rendes munkát!".

Én meg erre azt mondtam: „Ez egy rendes munka! Ez nagyszerű munka!". Csodálatosan éreztem magam, és bőségesen teremtettem pénzt. A mostani éberségem az, hogy megvolt a képességem arra, hogy generáljam és teremtsem pont azt, amire vágytam (abban a pillanatban), és ezzel még pénzt is kerestem. Ez azért van – ahogyan azt a későbbiek során felfedeztem az Access Consciousnessben – mert a pénz az örömet követi. Az öröm nem követi a pénzt.

Egy idő után az emberek elkezdtek kérdezgetni, hogy vennék-e számukra árut Indiában, amit a saját üzletükben árulhatnának Sydney-ben. Arra gondoltam: „Ha nagykereskedelemmel kezdek foglalkozni, akkor nagyobb mennyiségben tudok vásárolni, és jobb áron tudom majd beszerezni az árukat", ezért igent mondtam. Elmentem Indiába, és nagy mennyiségben vásároltam termékeket, ami annyit jelentett, hogy nagyobb befolyásom lett, és a beszállítók jobban felfigyeltek rám. Körülbelül tizenkét bolttal álltam kapcsolatban Sydney-ben, és elkezdtem ruhákat tervezni. Mindez eléggé sikeressé kezdett válni, és hamarosan elkezdtem unatkozni, ezért abbahagytam a ruha bizniszt, és ezüst ékszereket kezdtem importálni féldrágakövekkel.

Elmentem az indiai Jaipurba, ami a rózsaszín városként is ismert, hogy köveket vásároljak. Amikor először odautaztam, a gyöngyökből fűzött nyaklánc volt a divat Ausztráliában, és rózsakvarcot, ametisztet, gránitot vettem és rengeteg egyebet. Bármit is kerestél, nekem megvolt. A férfi, aki eladta nekem a köveket, azt mondta, hogy nem leszek sikeres, mert nő vagyok. Ez volt az ő nézőpontja. Nem volt senki Indiában, aki arra biztatott volna, hogy: „Hajrá Simone! Menni fog ez!". És mégis hajlandó voltam a tudásomat követni, és örömtelien hozzáállni minden választásomhoz. Ez mind egy hatalmas kaland volt számomra.

Elkezdtem nagyban kereskedni a féldrágakövekkel és az ékszerekkel, és az ausztráliai piacokon is árultam. Aztán visszatértem Jaipurba, és vásároltam még többet. Thaiföldön is vettem ékszereket. Bangkokban van egy utca, amit Khao San Roadnak neveznek, és az egész egy nagy piac, Paharganjhoz hasonlóan. Sok nyugatival találkoztam, aki ugyanazt csinálta mint én. Összetalálkoztunk, információt cseréltünk, és megosztottuk egymással az üzleti kapcsolatainkat, hogy hozzájárulások tudjunk lenni egymás számára, és a saját sikerünkhöz. A személyes nézőpontom az volt, hogy ha más kereskedőknek sikerül több fajta terméket beszerezni, akkor nekem is sikerülni fog. Mindez nagyon könnyen ment. Mindig is hajlandó voltam hozzájárulás lenni másoknak, hogy tudjanak pénzt keresni. Ez azóta is örömteli számomra. Élveztem, hogy a világ különböző pontjain élő emberekkel dolgozhatok, és hogy mindannyian hozzájárulások vagyunk egymás számára. Hatalmas potenciál van abban, hogy a hozzájárulásból működünk. Ha versenyzésből működtünk volna, akkor kisebbé tettük volna, vagy akár tönkre is tettük volna a vállalkozásainkat, és valószínűleg nem lettünk volna olyan sikeresek, mint amilyenek voltunk; és valószínűleg olyan örömteliek sem lettünk volna. Ne feledjük, a pénz az örömöt követi, az öröm nem követi a pénzt. Ez egy nagyon egyszerű és értékes éberség.

Nem sokkal ezután kezdtem Katmanduba, Nepálba utazni. Repülővel érkeztem Katmanduba, miközben a Himalája hegység látképe köszöntött, ami a világ legszebb látványa (és igen, ha az év megfelelő időszakában érkezel, akkor pont úgy néz ki mint a képeslapokon). Kellemes volt a város kis utcáin bóklászni, ahol remek kis kávézók voltak elszórva. Csodálatos teákat lehetett inni, és olyan érzésem volt, hogy az emberek hálásak voltak azért, hogy meglátogatod az országukat.

Miután már jó néhányszor meglátogattam Indiát, észrevettem, hogy hajlamos voltam több időt tölteni a hotel szobámban Indiában, mint bárhol máshol. Jobb szerettem Thaiföldön és Nepálban dolgozni, így feltettem a kérdést, hogy mi mást tudnék ezekből az országokból importálni. Végül elkezdtem kalapokat tervezni. A kalap márkánk The Shack néven futott, és az üzletem nagy részét átirányítottam Nepálba.

Ez számomra örömtelibb volt, és mindig is hajlandó voltam az örömet követni. Hajlandónak kell lenned bármit és mindent megváltoztatni, ami nem működik neked.

Vidéki falvakban lakó asszonyok készítették a pamut kalapjainkat, két férfi végezte a minőségi ellenőrzést és küldte el a kész kalapokat Ausztráliába. Ezek az emberek csodálatos voltak. A munka, amit számukra biztosítottunk, lehetővé tette az asszonyok számára, hogy ellássák a családjukat. A kalapokat otthon el tudták készíteni, a gyermekeik is velük lehettek, és ők is segíthettek. Így nem kellett őket Katmanduba küldeniük dolgozni, hogy az utcán a turisták cipőit pucolják, vagy ehhez hasonló munkát végezzenek.

Nepálban egy Ziering nevű tibeti asszonnyal is dolgoztam, aki egy remek üzletasszony volt, és úgy dolgozott mint egy démon. Tudta, hogy ha úgy kezeled az üzletfeleidet, hogy különlegesnek érzik magukat, az jó eredményekhez vezet, és velem mindig nagy tisztelettel bánt. Elvitt az otthonába, és mindig ott várt rám egy csésze tea, amikor a boltjában találkoztunk. Pashminákat, finom anyagú kasmír kendőket és más gyapjú anyagú árucikkeket szereztem be Zieringtől, aki a Nepálban élő tibeti menekült asszonyokkal volt kapcsolatban.

Az Indiához és Nepálhoz hasonló országokban nagyon nagy mértékű a fekete kereskedelem, és Ziering arról volt ismert, hogy fehér munkát végzett, vagy jótékony munkát végzett, mert a tibeti menekült asszonyokat segítette. A Nepálban élő szegények és tibeti menekültek nem részesülnek állami támogatásban. A tibeti asszonyoktól darabáron vásároltuk az általuk készített pulóvereket, sapkákat és kesztyűket. Rendszeresen meglátogattam őket a házaikban Katmandu Thamel nevű városrészében. Némely ház nagyon apró volt, én

175 centiméter magas vagyok, és voltak esetek, amikor nem tudtam kiegyenesedni a házukban. Nagyon szerettem ezekkel az emberekkel dolgozni. A tibetiek hálásak és boldogok voltak, hogy Nepálban lehettek. Ha sok pénzt akartak keresni, akkor keményen dolgoztak, hogy ezt elérjék. Ha csupán eleget akartak keresni, hogy iskolába járassák a gyermekeiket, és meglegyen a betevő falat az asztalukon, akkor erre is képesek voltak. Könnyű volt meglátni a különbséget azok között, akik többet akartak választani, és azok között, akiknek elég volt, hogy van egy fedél a fejük felett, és elég étel a család ellátására.

Könyveket vittem a menekült gyerekeknek és néhányuknak kifizettem az iskoláztatását. Mindennek illett az energiája ahhoz, amiről tudtam, hogy lehetséges, és örömmel töltött el. Pénzt kerestem, jól éreztem magam és sose tudtam, hogy a következő nap milyen lesz. Az élet egy nagy kaland volt. (És még mindig az.) Mindig is az volt a hozzáállásom: „Ha valami nem örömteli, akkor miért is csinálnánk?". Semmit nem teszek azért, mert kell. Szerettem az emberekkel dolgozni, akik tettek azért, hogy megteremtsék az életüket. Hiszek abban, hogy mindenki képes változást előidézni a világban. Ha önmagadként létezel és éber vagy, akkor tudsz változást előidézni a világban, bármi is legyen az a változás.

Nagyban kereskedtem a kalapjainkkal Ausztráliában, és a vállalkozás eléggé sikeres és ismert is lett. A 80 négyzetméteres irodában a polcok teli voltak élénk színű kalapokkal. És aztán eljött az a pont, ahol valami mást szerettem volna teremteni. Elkezdtem kérdezgetni: „Mi más lehetséges?".

Egy kis időre visszatértem Londonba, és egy nap vettem egy egész napos jegyet a nagy piros kétszintes buszokra, és a várost szeltem egész nap. Az egyik környékről a másikra mentem, nézelődtem, láttam, megfigyeltem. Azt vettem észre, hogy mindegy, hogy hol voltam éppen, hogy gazdag vagy szegény környék volt, zsidó környék, feketék lakta környék, pakisztáni környék, úgy tűnt, hogy nem volt egy csepp boldogság sem. Nem számított, hogy volt-e pénzük vagy sem, nem számított, hogy milyen volt a bőrszínük, hogy milyen vallást gyakoroltak vagy hogy a város mely részében laktak, mindenki szomorúnak tűnt. Azt gondoltam magamban: „Ezt nem értem. Ez a bolygó fantasztikus. Miért tűnik mindenki olyan szomorúnak? Miért lesz mindenki annyira izgatott az élet traumájától és a drámájától a lehetőségek helyett? Mit tudnék teremteni, ami ezt megváltoztatná?".

Good Vibes for You (Jó rezgések neked)

Elhatároztam, hogy egy olyan vállalkozást fogok létrehozni, ami növeli a világ boldogság hányadosát és megváltoztatja ahogyan az emberek az életre tekintenek. Kitaláltam a Good Vibes to You (Jó rezgéseket neked) nevet, és néhány hónapig használtam is, de valami nem tetszett benne. Úgy éreztem, valami erőltetés volt benne, ezért aztán megváltoztattam, és Good Vibes for You (Jó rezgések neked) lett a neve. Ez sokkal jobban tetszett. Olyan energiája volt, ami jobban illett ahhoz, amit teremteni akartam. Könnyebb érzés volt. Jó rezgéseket akarsz? Itt vannak. Nem akarsz jó rezgéseket? Rendben. Itt találod őket, amikor majd kellenek.

Visszatértem Ausztráliába és elkezdtem szokatlan pólókat tervezni inspiráló szövegekkel, és sokféle élénk színekben a fiatalabb partizós népeknek. Az volt az ötletem, hogy ha egy ilyen pólót hordasz, és a körülötted lévők elolvassák, az meghívás lehet arra, hogy éberebbek legyenek, vagy hogy megváltoztassanak valamit az életükben, és több örömet teremtsenek. Felkértem valakit, hogy tervezze meg a logónkat, ami egy nagy szivárvány, aminek a közepén a „Good Vibes for You" felirat látható, majd fesztiválokon és hétvégi piacokon kezdtem el árulni a trikókat.

Az egyik mondás a trikókon, amit mindig is nagyon szerettem, ez volt: „Képzeld el mit tennél, ha tudnád, hogy nem tudsz elbukni". Számomra nem volt lehetséges elbukni vagy valami hibásat tenni. Egyszerűen valami olyan lett a végeredménye, ami nem úgy nézett ki mint ahogy elképzelted. Egyszerűen nem a terveid szerint mentek a dolgok, de egyébként általában semmi nem alakul a terveink szerint. Nem ismerek senkit, aki az üzletét vagy az életcéljait a tervek szerint valósította volna meg.

Képzeld el, hogy mit csinálnál, ha tudnád, hogy nem bukhatsz el.

Egy másik trikón ez volt a felirat: „Légy nyitott az élet pillanataira. Ne félj változni". Egyik nap, amikor ezt a pólót viseltem az egyik kiállításon, egy pasas elsétált mellettem, ránézett a pólómra, aztán a szemembe nézett és láttam, ahogyan az egész lénye megváltozik. Abban a pillanatban tudtam, hogy lát egy másik lehetőséget. Tudta, hogy valami más is lehetséges. Még ha csak egy pillanatra is, de megváltoztattam, ahogyan a világot látta. Az az energia illett ahhoz az energiához, amit a világban teremteni kívántam. Azt kívántam, hogy mindenki ezen a bolygón tudja, hogy nagyszerűbb lehetőségek vannak. Bármi lehetséges.

Légy nyitott az élet pillanataira.

Ezek mellett még ilyen felirataink voltak: „Légy a változás, amit a világban látni szeretnél", „Teremtsd a világodat!", „Csinálj valamit, ami a komfortzónádon kívül esik!" és „Mire van szüksége a bolygónak tőled?". Sokan beszéltek arról, hogy mit kéne tennünk, hogy megmentsük a bolygót, de szinte senki nem kérdezte meg a bolygót: „Mit szeretnél?". Olyan is előfordult, hogy emberek odajöttek a standomra és elolvasták az összes trikó feliratot. Nem vettek semmit, csak annyit mondtak: „Idejöttem, elolvastam ezeket a mondásokat és másképp érzem tőle magam". És ismét azt teremtettem, amire vágytam. Megváltoztattam, ahogyan az emberek az életükre tekintettek.

A minap egy középkorú hölgy 10 pólót vásárolt tőlem. Nem hordani szándékozta őket, hanem az volt a terve, hogy kiakasztja őket a házában, mert csodásnak tartotta, amit csinálok. Ez kérdésbe vitt. Mi mást tudnék teremteni? Mi lenne érdekes mindenki számára, nem csak a fiatalabb generációnak? Mi mást tudna meglátni a világ? Elkezdtünk mágneseket és matricákat gyártani ugyanezekkel a mondásokkal, ami lehetővé tette, hogy továbbfejlesszük a vállalkozást. Amikor éber vagy és kérdésben vagy, akkor tudhatod, hogy mikor és hogyan terjeszkedj a vállalkozásoddal.

Egy nap felhívott egy hölgy, aki korábban vett tőlem egy mágnest, amin az állt: „Képzeld el mit tennél, ha tudnád, hogy nem tudsz elbukni". Elmesélte, hogy hat gyereke van, és a férje éveken keresztül verte. Azt gondolta, hogy ebből a szituációból nincs kiút. Amikor megvette a mágnest a hűtőjére tette, és hat hónapon keresztül minden reggel elolvasta. Majd egy nap összeszedte a gyerekeit és elhagyta a férjét. Meg akarta köszönni nekem, mert a mágnesen lévő szavak adtak neki erőt, bátorságot és bizonyosságot, hogy el tudja hagyni a férjét. Ez egy öt dolláros mágnes volt. Ha a sikeremet azzal az öt dollárral mérném, amit nekem fizetett, akkor sikeresnek tekinteném magamat? Persze hogy nem. Viszont, ha a azzal mérem, hogy mekkora változást hoztam létre az életben és hogy ez milyen hatással volt a gyermekeinek az életére, akkor nagyon sikeres voltam.

Egy másik alkalommal, amikor egy fesztiválon dolgoztam, egy tipikus motorosnak öltözött pasi nézegette az eladó matricáimat. A hosszú haja hátra volt fogva, egy Jack Daniels trikót viselt bőr nadrággal, masszív csizmával és bőr motorosdzsekivel, amin egy klub logó volt látható. Átadta nekem egy matrica árát és én megkérdeztem: „Melyiket szeretné?".

„Légy önmagad és változtasd meg a világot." – felelte.

Megkérdeztem, hogy hova fogja ragasztani.

„A motorom hátuljára." – válaszolta.

Azt gondoltam: „Csodás! Hogy lehet ez még ennél is jobb?". Ismét sikeres voltam. Hány ember fogja elolvasni ezen a matricán: „Légy önmagad és változtasd meg a világot"?

Légy önmagad és változtasd meg a világot.

Good Vibes for You palackos víz

A Good Vibes for You sokat változott és növekedett az évek alatt, mióta trikókat árultam sydney-i fesztiválokon, de a célunk, hogy az a változás legyünk, amit a világban látni szeretnénk, ugyanaz maradt.

Egyszer, amikor egy Access Consciousness tanfolyamon voltam, egy palack vizet cipeltem magammal, és az egyik Good Vibes for You matricát ragasztottam rá, hogy meg tudjam különböztetni mások vizes palackjától. Mások is elkezdtek matricákat ragasztani a palackjukra. Hamarosan a terem tele volt matricás vizes palackokkal, amin Good Vibes for You matricák és szlogenek voltak, mint például: „Légy önmagad és változtasd meg a világot", vagy „Mi más lehetséges?" és „Végtelen lény, végtelen lehetőségek".

Valaki megszólított: „Simone, a Good Vibes cégnek palackozott vizet is kéne árulnia, amin ilyen mondásos címkék vannak". Én magam víz-sznob vagyok, és megvan az a bizonyos márkájú víz, amit szeretek, de akkoriban nem volt olyan víz a piacon, ami felemeli az embereket és a bolygót, ezért az üzleti partnerem elkezdett ránézni arra a lehetőségre, hogy a palackozott vizet felvegyük a termékeink közé. Kapcsolatba léptünk valakivel, akinek egy csodálatos természetes forrása volt Sydney közelében, és az üzleti partneremmel kiautóztunk hozzá a kabriómmal. A férfi megmutatta a birtokot, és a víz üzletről beszélgettünk.

Megkérdeztem tőle: „Hányan akarnak a vízből üzletet csinálni?".

Erre ő: „Körülbelül 500-1000 hetente. Mindenki azt hiszi, hogy palackozott vizet fog árulni, és ebből lesznek majd milliomosok, és befizetik az első részletet egy új Ferrarira".

Ezen elnevettünk magunkat és azt mondtam: „Nekem már van egy ilyen kabrióm...".

Ennek a férfinak nagyon tetszett az elképzelésünk, amit a palackozott vízzel akartunk csinálni, hogy biológiailag teljesen lebomló palackot gyártsunk színes, felemelő címkékkel, ami örömet és könnyedséget sugároz. Rögtön ez első naptól fogva biztatott minket, és mindent megtett, hogy segítsen nekünk, egy igazán rendes ausztrál pasas. Egyszer, amikor egy potenciális üzletfelünk repülővel Ausztráliába érkezett, a beszállítónk kiment érte a sydney-i reptérre, és megmutatta neki a víz forrását, és elmesélte, hogy mi vagyunk a kedvenc partnerei. Nagyobbnak mutatott minket mint amilyenek voltunk. Ezt mondta nekem: „Nagyon szeretném, hogy a víz üzletetek jól működjön. Szeretek veletek dolgozni". Számomra ez az üzlet öröme, olyan emberekkel dolgozni, akik örömmel dolgoznak veled és az üzleteddel. Hogy lehet ez még ennél is jobb?

A víz üzlet nem egy könnyű biznisz. Sok hatalmas cég árul vizet, és ez egy könyörtelen világ, de mi viccet csináltunk belőle, és az új szlogenünk így hangzik: „Mi vagyunk a kisebb cég ezen a hatalmas küzdőtéren". Behoztuk a mókát a palackozott víz üzletágba, és az emberek felfigyeltek rá. Vonzza őket ez a hozzáállás, és üzletet akarnak kötni velünk. Azt érzékelem, hogy tényleg észreveszik azt, hogy másként létezünk[1].

Csodálatos kapcsolatokat építettünk ki a világ különböző részeivel, és sok izgalmas lehetőség van alakulóban. Jelenleg más vízzel kapcsolatos termékek és technológiák után kutatunk, és tanulmányozzuk őket, például egy gépet, ami a levegőből vizet állít elő. Ezek fantasztikus gépek, amik kivonják a párát a levegőből, és jó minőségű, tiszta ivóvizet állítanak elő. Ez lehetővé tenné, hogy soha senkinek ne kelljen hiányt szenvednie a jó minőségű ivóvízből. Ez jobb, mint bármilyen tisztított csapvíz vagy palackozott víz, ami a boltokban elérhető. Minden háztartásba kéne egy ilyen.

> Többen mondták már, hogy: „Várjál csak, a ti cégetek víz palackozással foglalkozik, és most előálltok ezzel a géppel? Ezek nem egymással vetélkedő elképzelések?".

> Ezt szoktuk válaszolni: „Igen, és szeretnénk, ha ezt a gépet is használnátok".

Azon is dolgozunk, hogy elérjük, hogy a vásárlóink elfogadják a biológiai úton teljesen lebomló palackokat, amik jót tennének a környezetnek. Van egy bizonyos energia, amit mindig is szerettem volna teremteni és generálni a világban, és ezek a dolgok igazodnak ehhez az energiához. Ezért csináljuk!

A Good Vibes for You nem csupán egy cég, ami palackos vizet gyárt. Nem a vízről szól. A neked való jó rezgésekről szól. Arról a célirányról szól, hogy teremtsünk és generáljunk több tudatosságot és örömet a világon. Mi kellene ehhez?

---

1   A „létezés" szóval kapcsolatban lásd a szószedetet.

Mit jelent neked a siker?

Mi az üzleted valódi céliránya?

Mi a valódi céliránya az életednek és a megélésednek?

Második fejezet

Mit vagy hajlandó befogadni?

2002 novembere: Találkozás Gary Douglasszel

Egy hétvégén 2002 novemberében, amikor még mindig fesztiválokon dolgoztam, elmentem Sydney-be Good Vibes termékeket eladni az Elme, Test és Lélek Fesztiválon. Pár nappal ezelőtt értesültem, hogy egy barátom, Erin, aki Balin volt szörfözni, maláriában meghalt. Erin halála mélyen érintett. Azt gondoltam: „Erin meghalt, és a világ csak megy tovább, mintha semmi sem változott volna". Azt akartam, hogy megálljon minden, hogy legyen egy pillanatnyi békém. Egyáltalán nem akartam a fesztiválon lenni, de már kifizettem 6000$-t a standért, és tudtam, hogy sok pénzt kell keresnem, hogy ezt kiegyenlítsem.

Úgy éreztem, nem helyes, hogy felállítom a standom és folytatok mindent, mintha mi sem történt volna, miközben elveszítettem a barátomat. De ott voltam, pakolásztam, és percről percre egyre mérgesebb lettem. Mérges voltam az univerzumra, mert Erin meghalt. Mérges voltam, mert nagyon gyorsan történt. Mérges voltam, hogy ez az egyik legédesebb emberrel történt, akivel valaha találkoztam, és nem voltam hajlandó semmilyen hazugságot vagy baromságot a terembe engedni.

Akik velem szemben állították fel a standjaikat, egy spirituális csoportban voltak, és őrületbe kergettek a hangos nevetésükkel. Valahogy ez a nevetés nem tűnt nekem valóságosnak. Nem volt benne öröm. Olyan volt, mintha valami tettetett boldogság lenne. A szívükhöz ölelték egymást és engem is a szívükhöz akartak ölelni. Olyan volt, mint egy nagy színjáték. Senki nem úgy nézett ki, mintha tényleg boldogok lennének, vagy úgy élnének, ahogy szeretnének. Rájuk akartam kiáltani, hogy: „Nem! Menj innen! Néha a dolgok nem egyszerűek az életben. Néha a dolgok szarok. Az élet néha csúnya tud lenni". Meg akartam rázni az összeset, és azt mondani: „Ébredj fel! Mit szeretnél, hogy nézzen ki valójában, igazán az életed? Ez elég neked?".

Abban a pillanatban egy barátom elsétált a saroknál Gary Douglasszel, az Access Consciousness alapítójával, akinek szintén volt egy standja a fesztiválon. Előtte már találkoztam egyszer Garyvel, amikor elmentem egy kapcsolatokról szóló esti kurzusra, és számomra lehengerlő volt a közvetlensége. Ő valóságos volt számomra. Amikor a kapcsolatokról hallgattam őt, olyan volt mint egy leheletnyi friss levegő. Azt gondoltam, hogy:„Úgy érted rendben van, ha nem szeretnék megházasodni, és nem szeretnék gyerekeket? Ez nem rossz? Remek!". Ő volt az első, aki rámutatott nekem, hogy amit tudtam, nem rossz; csak más, mint amit mások választanak hinni, és más, mint ahogyan mások választják élni az életüket.

A barátom és Gary azt mondták, *hello*. Azt mondtam, *sziasztok*, és próbáltam felvenni a „minden a legnagyobb rendben van" arcomat. Gyorsan megöleltem a barátom, majd Garyt is, és elhúztam magam tőle.

Gary a szemembe nézett és azt mondta, hogy: „Sokkal jobban lennél, ha több befogadásra lennél nyitott. Az üzleted jobban lenne, több pénzt keresnél és boldogabb lennél".

Válaszoltam, hogy: „Aha. Oké, köszi", és arra gondoltam: „Fogalmad sincs, hogy mi történik az én életemben, uram! Őrült hapsi, azt se tudja, miről beszél", aztán dolgom volt, és kizártam a hozzászólását az elmémből. Aznap éjjel egy barátomnál aludtam Sydney-ben. Kimerültem a hosszú nap után, de nem tudtam elaludni. Gary megjegyzése a befogadásról folyamatosan megjelent a fejemben. Próbáltam kitalálni, hogy mit gondolhatott ezzel az észrevétellel. Én mindig elajándékoztam a dolgokat. Ezt kell csinálni, nemde? A világom kifordult és a feje tetejére állt attól, amit Gary mondott. Azt mondtam magamnak: „Ez őrültség. Azt mondja, hogy befogadhatnék ahelyett, hogy adok?". Elképzelésem sem volt arról, hogy ez hogy nézhetne ki. Az egész dologtól csak mérges lettem.

Másnap reggel olyan mérges voltam, hogy átvonultam az Elme, Test és Lélek Fesztiválon, és odamentem Garyhez az Access Consciousness standnál. Csípőre tett kézzel megálltam előtte és megkérdeztem: „Mi a fenét értettél azalatt, amit tegnap mondtál nekem?".

Gary csak rám nézett, mosolygott és megkérdezte, mire gondolok. Ezt válaszoltam: „Azt mondtad, hogy jobban lennék, ha több befogadásra lennék nyitott". Nem tudom felidézni Gary válaszát. Arra azonban emlékszem, hogy elfogott egy béke érzet, miután beszéltünk. Valami könnyű volt az univerzumomban. Tudtam, hogy van valami helyes és igaz abban, amit mond. Sokkal inkább „én" voltam. Nem sok ember erősített meg abban az életemben, hogy önmagam legyek. Volt valami Gary jelenlétében, amitől megnyugodtam és békébe kerültem azzal kapcsolatban, hogy kiként választottam létezni, akárhogy is nézzen ez ki.

Másnap a fesztiválon kissé másnapos voltam, mivel előző éjjel megittam pár italt. Sétálgattam a standok között, szerettem volna egy masszázst vagy valamit, ami megszűntetné a másnaposságomat. Amint elhaladtam az Access Consciousness standjánál, az egyik hölgy megkérdezte, hogy szeretném-e, ha futtatnák a bárjaimat. Fogalmam sem volt, hogy mit jelent az, hogy futnak a bárjaim. Ránéztem a masszázságyra, és igent mondtam. Lefeküdtem, és körülbelül amikor már fél órája futtatták a bárjaimat, elkezdtem sírni és sírni. A Good Vibes for You feliratú pólómat viseltem, és mindenki tudta a fesztiválon, hogy ki vagyok. És ott henteregtem egy masszázságyon, és itattam az egereket. Felültem, és azt mondtam: „Vissza kell mennem dolgozni!". Mintakezeléseket csináltak 20 dollárért, és amikor fizetni készültem, azt mondták, ajándék volt. Ez ismét a befogadásról szólt, így egyre szaporábban kezdtek el potyogni a könnyeim.

Ekkor Gary elsétált a sarkon. Rám nézett, mosolygott és megkérdezte: „Most adnom kellene még egy ölelést?".

Azt mondtam: „Nem! De. Nem. Nem tudom!".

Megölelt, és megkérdezte, hogy kimegyek-e vele sétálni.

Azt mondtam: „Nem! Nem tudom. Igen. Nem".

Erre Gary azt mondta: „Ez a te választásod. Ha hajlandó vagy rá, én kimegyek és beszélgetek veled".

Ránéztem, és azt mondtam, hogy *oké*. Ahogy sétáltunk kifelé, továbbra is pityeregtem, és aggódtam, hogy ez nem feltétlenül lesz a legjobb megjelenés a Good Vibes for You számára, ami elvileg arról szólna, hogy a világon boldogság arányát növeljük.

Gary 40 percig ült velem, és kérdéseket tett fel. Elérte, hogy ránézzek arra a helyre, ahol mindenki mást értékesnek láttam – kivéve magamat. Megkért, hogy megfigyeljem és elismerjem azt, ahogy azt gondoltam, hogy mások jobbak nálam valahogyan, annak ellenére, hogy úgy tűnt, hogy nekem volt meg az erőm az üzletem és az életem generálására és teremtése. Hozzájárultam az életükben lévő változáshoz, közben hálás voltam, hogy körülöttem voltak. Előtte soha nem voltam hajlandó ezt elismerni. A beszélgetésünk a feje tetejére állította a világomat.

Gary aznap este egy előadást tartott, amire elmentem. Amikor hallgattam, arra gondoltam: „Wow, ez a pasas mindarról beszél, amit szeretnék teremteni a Good Vibes for Youval, csak neki megvannak az eszközei, hogy meg is valósítsa". Akkor hallottam először, hogy valaki arról a változásról beszél, amiről tudtam, hogy lehetséges a világban.

Akkoriban kissé gyagyának tartottam magam. Hajlandó voltam rá, hogy hippinek tartsanak, mert úgy gondoltam, akkor fogják tudni befogadni, hogy ki vagyok. De itt volt Gary – olyan csinosan felöltözve – nem volt semmi furcsa a megjelenésében, és az összes olyan dologról beszélt, amiről én tudtam, hogy lehetséges, de úgy tűnt, hogy senki más nem hiszi el.

Az előadás alatt Gary gyakran káromkodott. Én még mindig mérges és dühös voltam Erin miatt, és úgy reagáltam: „Oh, hál' Istennek itt valaki még valódi". Ettől még inkább elkezdtem rá figyelni. Nem voltam türelmes a színléshez. Annyira lenyűgözött, hogy úgy döntöttem, Sydneyben maradok még egy hétig, mert Gary éppen egy két napos Out of the Box (A dobozon kívül) tanfolyamot tartott a következő hétvégén. Ez novemberben volt, ami az év legsűrűbb időszaka. Felhívtam a személyzetemet Brisbane-ben, és azt mondtam: „Nem jövök vissza".

Azt mondták: „Hogy érted, hogy nem jössz vissza?".

Elmondtam nekik, hogy Sydney-ben maradok még egy hétig, és elmegyek egy kurzusra egy Access Consciousness kurzusra egy férfihez. Kiakadtak, mert én kontrolláltam mindent a vállalkozásban, és azt mondtam nekik, hogy egyedül fognak maradni egy egész hétig az év legsűrűbb időszakában. Megkérdezték: „De mit fogunk csinálni?". Mondtam nekik, hogy rendben lesznek. Ekkor volt először, hogy elkezdtem bizonyos dolgokra felhatalmazni a személyzetemet.

Azt is mondtam: „Ha szeretnétek eljönni a kurzusra, veszek nektek repülőjegyet, hogy csatlakozhassatok". (Nem jöttek el.) Így elmentem a két napos tanfolyamra Garyvel. Végig a terem végében, az ajtó közelében voltam, hogy könnyedén ki tudjak menekülni. Nem voltam hajlandó beleragadni semmibe, vagy olyan helyen lenni, amit nem szerettem volna! A második nap végére az egész életem megváltozott. Gary minden olyan dologról beszélt, amit én igaznak hittem. Mindennek volt értelme, amit mondott. Megláttam, hogy nem tévedtem abban, amiről tudtam, hogy lehetséges, és egyik választásom sem volt rossz. Ez volt a legnagyobb ajándék, amit ettől a tanfolyamtól kaptam.

Észrevettem, hogy az Access Consciousness mekkora érték lehetne a világnak, és az elejétől kezdve az volt a célom, hogy biztosítsam mindenkinek a világon, hogy tudjon erről, hogy választhassák. A kurzus után Gary azt mondta a barátomnak, aki épp akkor kezdett Access Consciousness tanfolyamokat facilitálni Ausztráliában, hogy: „Simone-tól kéne segítséget kérned, hogy elindítsd az Access üzletedet".

A barátom remek facilitátor volt, de nehéz volt neki beindítani az üzletét, mert nem igazán volt fogalma az üzletről. Sokkoló volt megtudni, hogy még email címe sem volt, így létrehoztam neki egy e-mail fiókot, és elkezdtem beírni email címeket a kapcsolatai közé. Javasoltam neki, hogy küldjön e-maileket és hívja fel az embereket, amikor eseményei vannak. Itt volt az első éberségem arról, hogy nem mindenki találta az üzletet olyan könnyednek vagy örömtelinek, mint én, és nem mindenki érzékelte az ezzel elérhető lehetőségeket.

Amikor a következő évben Gary ismét jött tanfolyamot tartani, én raktam össze az egész kurzust. Én voltam a házigazda, lefoglaltam a helyszínt, megszerveztem a szállást, promóciós leveleket küldtem, felhívtam mindenkit, és az egész tanfolyamot felépítettem. Ez volt az addigi legnagyobb kurzusuk Ausztráliában.

Gary azt mondta: „Köszönöm. Rendkívül hálás vagyok". Majd hozzáadta: „Szerintem tartozok neked némi pénzzel".

Megkérdeztem: „Mire?".

Azt mondta: „Hogy kifizessem a postaköltségét a leveleknek, amiket kiküldtél", erre elsírtam magam. Ismét az a befogadás dolog.

Gary csak nevetett.

Azt mondtam neki, hogy nem nevethet rajtam, mert én sírok, erre ő azt mondta: „Dehogynem. Hát ez vicces!". Elmondta, hogy a tanfolyamot ajándékba adja nekem, és egy órán keresztül sírtam. Ez a befogadás dolog ismét teljesen kifordította a világomat.

Hamarosan elkezdtem tanfolyamokat és szemináriumokat szervezni Ausztráliában, Új-Zélandon és Ázsia bizonyos részein Garynek és az üzlettársának, Dr. Dain Heernek. Egyszer Garyvel az Access Consciousness különböző aspektusairól beszélgettünk, és arról, hogy mit teremtek és generálok Ausztrálázsiában.

Azt mondta: „Szükségem van valaki olyanra, mint te, Amerikában".

Ránéztem és azt mondtam: „Hát, ezt én meg tudnám csinálni".

Azt kérdezte: „Szeretnél az Access Consciousness Világkoordinátora lenni?".

Leesett az állam és megkérdeztem: „Ezt hogy érted?".

Mosolygott és megismételte: „Szeretnél az Access Consciousness Világkoordinátora lenni?".

Azt kérdeztem: „Ez mit jelent?".

Gary megnevezett nagyjából öt különböző dolgot, amit szeretett volna, hogy megcsináljak.

Azt mondtam: „Ezt nagyon szívesen csinálnám".

Gary nem olyan embert keresett, akinek üzleti végzettsége van. Az energiáról szólt a dolog, amiről tudta, hogy teremteni és generálni tudnék a világ körül. Olyan kapacitásaimra volt rálátása, amikre nekem akkoriban még nem volt.

Van egy hatalmas sebezhetőség, ami beletartozik a minden befogadásába, beleértve a saját nagyszerűségünk befogadását is. Amint elkezdtem kinyitni a képességemet a befogadásra, rájöttem, hogy hajlandó voltam eszközöket adni mások kezébe, de ragaszkodtam ahhoz, hogy nekem kell mindent csinálnom. Nem engedtem meg másoknak, hogy adjanak nekem.

Az Access Consciousness ezt az egészet megváltoztatta nekem, és ez nem egy éjszaka alatt történt. Az Access folyamatosan változtatja a paradigmáimat a befogadásról, és most már képes vagyok többet befogadni. Mindig kérem, hogy több dolog jelenjen meg, és képes vagyok másokat is facilitálni abban, hogy megváltoztassák a saját paradigmáikat a befogadásról. Teljesen máshogy néz ki a világ, amikor kinyílsz a befogadásra.

A hajlandóság a befogadásra

Ez a történet a Garyvel való találkozásról egy hosszú módja annak, hogy elmondjam, hogy a képességed a befogadásra elengedhetetlen az üzleti sikerekhez. A befogadásba beletartozik a képességed, hogy befogadj minden jót az életben, de ennél sokkal több is. Beletartozik a képességed, hogy befogadj mindent: a jót, a rosszat, a gyönyörűt és a csúnyát. Hajlandónak kell lenned befogadni a pénzt, és befogadni a nincs pénzt is. Hajlandónak kell lenned befogadni a csodálatot, nagyrabecsülést és ajándékokat. Hajlandónak kell lenned befogadni információt és más emberek nézőpontjait. Hajlandónak kell lenned befogadni a dicséretet és bátorítást, és a kritikát és ítéleteket. Hajlandónak kell lenned befogadni, hogy sikeres az üzletet, és hogy nem sikeres az üzleted. Mindent hajlandónak kell lenned befogadni, teljességgel mindent, és nem lehetsz érdekelt a végeredményben.

A valódi befogadás egy rendkívül mély dolog, mivel hatással van az érzékelésre, tudásra és létezésre való képességedre is. Mondjuk eldöntötted, hogy valamiben igazad van, és nem vagy hajlandó más információt vagy perspektívát befogadni. Nem leszel képes érzékelni, hogy mi lehetséges, a korlátozott nézőpontodon túl. Ha nem tudsz érzékelni, elvágod magad a *tudás*odtól is. És ha elvágod magad a tudásodtól, elvágod magad az éberségedtől és a jelenlétedtől is, és ez az, ami és aki te vagy valójában. Így nem leszel önmagad. Ahhoz, hogy sikeres legyél az üzletben, képesnek kell lenned befogadni, érzékelni, tudni és létezni. A befogadásra való hajlandóság a kulcs ahhoz, hogy képes legyél minderre.

Hajlandó vagy hálát és sikert befogadni?

Egy barátomnak ruhaüzlete van Queenslandben, Ausztráliában. Nagyszerű abban, amit csinálni tud az emberekkel, a ruháikkal és a testükkel. Pontosan tudja, hogy a vásárlóinak mire van szükségük, hogy gyönyörűen nézzenek ki és gyönyörűnek érezzék magukat, és nagyszerűen érzik magukat a ruhákban, amiket kiválaszt nekik. A barátom egy gyönyörű, magas nő. Nagyszerű teste van, és mesés ruhákban jár. A tehetsége nekem is és másoknak is egyértelműen látható, ennek ellenére nem volt hajlandó arra, hogy mások őt elismerjék. Nagyon szégyenlős volt, és próbálta elrejteni, hogy ki ő valójában.

Egyszer megkérdeztem tőle, hogy „Mi lenne, ha a tanfolyamomon megemlítenénk a boltodat, és elmesélnénk az embereknek, mit csinálsz?". Karba tette a kezét, lehajtotta a fejét, és azt mondta: „Oh nem, én nem lennék képes kiállni az emberek elé és ezt megcsinálni". Nem volt képes befogadni ezt. Neki annyira könnyű volt ezt csinálnia, hogy nem látta az értékét, és nem volt képes befogadni mások elismerését és háláját.

Amióta elkezdte az Access Consciousness eszközeit használni, drámaian megnövekedett a befogadása. Most már két boltja és saját márkája van. Ezen kívül személyes stílus tanácsadást is csinál különböző embereknek a világ körül. Hatalmas sikerbe lépett bele hatalmas sikert ért el, mert most már hajlandó ezt befogadni! Hasonlítasz egy kicsit is a barátomra? Teljesen befogadod a köszönetet és az egyéb kifejezéseit a nagyrabecsülésnek? Hajlandó vagy befogadni a hálát, amivel az emberek rendelkezned érted és az üzletedért; vagy elfutsz előle? Hajlandó vagy befogadni a hírnevet? Hajlandó vagy befogadni a sikert?

Hajlandó vagy pénzt befogadni?

Édesapám éveken keresztül próbált pénzt adni nekem, én pedig mindig visszautasítottam az ajánlatait. Megköszöntem, és azt mondtam, hogy nincs szükségem a pénzére, megvagyok nélküle is. Miután megnövekedett a hajlandóságom a befogadásra, végre képes voltam pénzbeli ajándékokat elfogadni tőle, és láttam, hogy mennyire hálás és boldog volt, hogy ezt elfogadtam. Éber lettem arra, hogy: „Azta! Ennyi éven át nem engedtem, hogy ez létrejöjjön!". Rájöttem, hogy amikor nem fogadsz be, megállítod az ajándékozás örömét, megállítod a hozzájárulás örömét, és az üzlet könnyedségét is megállítod.

Ha szeretnél sikeres lenni az üzletben, hajlandónak kell lenned mindenkitől elfogadni pénzt, ítélkezés nélkül. Hajlandónak kell lenned olyanoktól elfogadni pénzt, akiket csodálsz, és olyanoktól is, akiket nem kedvelsz. Tényleg mindenkitől el kell tudnod fogadni a pénzt. Mi lenne, ha képes lennél elfogadni készpénzt, és egyéb értékeket – mint például autót, számítógépet – bárhonnan és mindenhonnan? Tudod mit? Képes vagy rá! Csak kérned kell; és befogadni.

Nemrégiben egy barátom lakást keresett Los Angelesben, és három különböző területen nézelődtünk, és ránéztünk, hogy milyen érzés lenne, ha ott lakna. Ez egy rendkívül érdekes gyakorlat volt végezetül, ráláttunk, hogy mit vagyunk hajlandóak befogadni. Én egy felső középosztálybeli családban nőttem fel, és amikor olyan területen voltunk, ahol a házak olyasmik voltak, mint ahol felnőttem, ez volt a reakcióm: „Igen, itt tudnék élni!". Ez egy olyan dolog volt, amit már ismertem, és hajlandó voltam befogadni.

Aztán egy Bel Air nevezetű gazdagnegyedbe értünk, és azt suttogtam: „Szabad egyáltalán itt lennünk?". Volt egy energia, amit nem ismertem fel, és ettől kényelmetlenül éreztem magam. Ez millió és milliárd dollárok energiája volt, amit nem voltam hajlandó befogadni.

És végezetül elértünk egy olyan helyre, ami sokkal kevésbé volt gazdag, és ismét észrevettem, hogy kényelmetlenül érzem magam. Arra gondoltam: „Itt aztán soha nem élnék!". Csak annak voltam hajlandó befogadni az energiáját, amiről már megtanultam, hogy kényelemben legyek vele. Látod már, hogy milyen hatással lehet az üzletedre, ha képtelen vagy befogadni a dollármilliók energiáját? Vagy ez a kényelmetlenség a megszokottnál kevesebb pénz energiájával hogyan tudja elkergetni a vásárlóidat? Hajlandó vagy szegényesen öltözött vásárlókat fogadni? Hajlandó vagy rengeteg pénzt befogadni? Vagy a zéró pénzt?

Mit vagy hajlandó befogadni?

Hajlandó vagy masszív mennyiségű pénzt befogadni? Hajlandó vagy arra, hogy imádjanak és nagyrabecsüljenek? Hajlandó vagy arra, hogy vágyakozzanak rád, és nem csak egy páran, hanem többezren? Hajlandó vagy arra, hogy az emberek el akarják lopni az ötleteidet, a designjaidat és a műalkotásaidat?

Bármilyen energiát nem vagy hajlandó befogadni, ez korlátozni fog téged, az üzletedet és pénzügyi valóságodat.

Ha nem olyan sikeres az üzleted, amilyennek szeretnéd, nézz rá, hogy mennyire vagy hajlandó bármit és mindent befogadni. Kérdezd meg:

+ Mit nem vagyok hajlandó befogadni?
+ Milyen energiát nem voltam eddig hajlandó befogadni, ami olyan sikert teremtene, ami nagyobb, mint amit valaha elképzeltem?

Hajlandó lennél megváltoztatni – és befogadni ezeket a dolgokat? (Ez megváltoztathatja a világot!)

A befogadásra való képességed létfontosságú az üzleted sikerének szempontjából.

Harmadik fejezet

Üzlet ítélkezés nélkül

Az egyik legnagyobb akadálya a valódi befogadásnak az ítélkezés. Ha ki tudsz lépni az összes ítéletedből és következtetésedből azzal kapcsolatban, hogy valaminek hogyan kell kinéznie, és egyszerűen érzékeled és befogadod azt, ami ott van előtted, akkor sokkal több választás lesz az univerzumodban. Ez az, amikor az érzékelésből működsz. Az érzékelés könnyed mint a szél, nem szilárd, és folyamatosan változik.

Az ítélkezések, érzések, döntések és következtetések viszont szilárdak. Azzal kapcsolatosak, hogy mit gondolsz helyesnek vagy helytelennek. Bármikor, amikor ítélkezésbe mész valamivel kapcsolatban, akár pozitív, akár negatív az ítéleted, elzársz magadtól mindent, ami túl van azon az ítéleten. Minden ítéleted megállít abban, hogy befogadj bármit, ami nem igazodik hozzá. Például, ha az üzleted bukásnak ítélted, képes leszel azt meglátni, hogy mi jó benne? Képes leszel kihasználni a nagyszerű lehetőséget, ami épp most bukkant fel? Nem. Ha tökéletesnek ítéled meg az üzletedet, képes leszel meglátni, hogy mi nem működik, és hogy mit kell megváltoztatni? Nem. Mindként esetben szemellenzőt viselsz, és nem engedsz be olyan információkat, amik ellentétesek azzal, amit elhatároztál. Tudod mik a szemellenzők? A lovak viselnek szemellenzőket, hogy amikor versenyeznek, akkor csak előre, a célra tudjanak fókuszálni. A szemellenzők megakadályozzák, hogy mindenre éberek legyenek, ami körülöttük folyik. Tehát hajlandó vagy levenni a szemellenződet, és éber lenni az összes lehetőségre? Erre akkor leszel képes, amikor kilépsz az ítélkezésből, és hajlandó leszel mindent befogadni.

Milyen ítélkezéseket hoztál az üzletedben?

Az üzleti világban gyakran megkéredzik tőlem, hogy: „Mi a célközönsége a Good Vibes for Younak?". Én azt szoktam mondani:„Ez valójában bárkinek való, aki meg akarja változtatni az életét". Mi lenne, ha nem lenne meghatározott célközönsége az üzletednek? Mi lenne, ha nem lenne ez az ítélkezés vagy kivetítés az üzleti modelled része? Mi lenne, ha egyszerűen nyitott lennél bárkit fogadni, aki megjelenik, akár valaki olyan jön, aki azt mondja neked, hogy soha nem leszel sikeres, akár valaki olyan, aki hatalmas hozzájárulás a sikeredhez?

Lehet, hogy van egy közönség vagy ügyfélkör, ami hajlamosabb élvezni a termékeidet vagy a szolgáltatásaidat, de ha abból a következtetésből működsz, hogy ők az ügyfeleid, akkor nem engeded meg, hogy bármi vagy bárki más megjelenjen. Ha egy üzletre rávetíted, hogy egy bizonyos korosztálynak van, és csak 15-25 éves nőknek értékesíthetsz, akkor csak ennyit fog meghívni az üzlet. Viszont, ha azt kérdezed: „Mi kéne ahhoz, hogy az üzlet meghívás legyen bárkinek, aki szeretné megváltoztatni az életét?", akkor megnyitod a teret mindenki számára.

Kaptad már azon magadat, hogy megítélsz egy üzletet és a kapacitását arra, hogy sikeres legyen? Az „ez az üzlet nem fog pénzt hozni" egy kivetítés és ítélet. Ehelyett miért nem teszed fel az alábbi kérdéseket:

- Mit kell itt megváltoztatni?
- Mit változtathatnánk meg?
- Meg tudjuk változtatni?
- Hogyan tudjuk megváltoztatni?

Látod, hogy az ítéletek hogyan állítják meg az energiát, és ahogy a kérdések megnyitják? Amikor felteszel egy kérdést, több éberséget hívsz meg és ezzel együtt több lehetőséget.

Vannak ítéleteid arról, hogy mi lehetséges és mi nem lehetséges az üzletben? Évekkel ezelőtt együtt dolgoztam egy férfival, aki nehéz körülmények között nőtt fel. A tapasztalatainak köszönhetően hajlamos volt döntések és ítélkezések alapján működni. Ilyen következtetéseket vont le, hogy: „Keményen kell dolgoznod a pénzért", és amikor egy nagyszerű lehetősége jelent meg, azt mondta: „Oh, ez sosem fog megtörténni!". Az ítéleteivel feltartóztatta és megállította az áramlást, és azt, ami megtörténhetett volna. Hajlandó lennél megváltoztatni az energiáját minden ítéletnek és következtetésnek, amit berögzítettél, és megengednéd a végtelen lehetőségeknek, hogy megjelenjenek számodra és az üzleted számára?

Megítéled a klienseidet és az ügyfeleidet?

Amikor valaki belép az üzletedbe, azonnal megítéled? A kinézete alapján rögtön felméred? Eldöntöd, hogy mennyi pénze van, mennyi pénze nincs, vagy hogy mennyit fog költeni? Elhatározod, hogy melyik klienssel szeretnél foglalkozni, és melyikkel nem? Legtöbben így viselkedünk, és ez hatalmas korlátozás.

Emlékszem, egyszer dolgoztam egy hölggyel, aki testekkel dolgozott, és nem ment túl jól az üzlete. Azon tűnődött, hogy miért nincs több kliense. Egy kis beszélgetés után ezt mondta: „Csak tudatos és éber embereket akarok kezelni". Amikor egy ilyen ítéletet hozol, akkor kicsi lesz az üzleted. Nem fogta fel, hogy az ítélete távol tartott sok potenciális klienst. Hogyan tudsz pénzt befogadni valakitől, amikor nem tudod befogadni, azt aki ő.

Érdekes nézőpont

Jó néhány hónappal ezelőtt arra biztattak, hogy kezdjek blogot írni az Access Consciousnessről, és beszéljek arról, hogy mi az, amit a világ különböző pontjain csinálok. Arra gondoltam, hogy kipróbálom. Tudtam, hogy a posztjaim nem fognak mindenkinek tetszeni, és hogy fogok negatív visszajelzéseket és ítéleteket kapni. Így is történt. Egy másik blogger elkezdett kritizáló hozzászólásokat írni a posztjaimhoz.

Amikor valaki ítéletet küld felénk, hajlamosak vagyunk vagy ellenállni és reakcióba menni, és azt mondani: „Hogy mondhat ilyet?", vagy egyetérteni és hozzáigazodni, és azt mondani, hogy „Tudod, mit? Pontosan olyan rossz (vagy jó) vagyok mint ahogy mondja!". Nagyon kevesen választják inkább a megengedést, ami ez lenne: **„Oh, ez egy érdekes nézőpont".** Amikor megengedésben vagy, akkor megenged, hogy az ítélkezés leperegjen rólad.

Szerencsére nem ragadtam bele abba, hogy cáfolni akarjam a másik bloggernek az ítéleteit. Nem álltam ellen, nem reagáltam és nem értettem egyet vele. Elolvastam a hozzászólásait, és azt gondoltam: „Nohát, ez egy érdekes nézőpont". Aztán elengedtem. Tudtam, hogy az ítéleteinek semmi köze hozzám, hanem mind róla szól. Ha hajlandó vagy fogadni az ítéleteket, akkor az előnyödre tudod fordítani. Tudni fogod, hogy az illető miből működik, és hogy mit hajlandó befogadni. Tulajdonképpen ezt az információt akár még arra is használhatod, hogy a szituációt úgy manipuláld, hogy az számodra legyen kedvező.

Amikor ellenállunk és reagálunk, vagy egyetértünk és hozzáigazodunk mások rólunk szóló ítéleteihez, a reakcióink akadályozzák a befogadást. Amikor hajlandóak vagyunk arra, hogy fogadjuk az ítéleteket, és ne legyen róluk nézőpontunk, akkor túl tudjuk teremteni az ítéleteket. Azt az üzletet tudjuk teremteni és generálni, amit valójában szeretnénk.

Ha sikeres akarsz lenni az üzletben, készen kell álljál arra, hogy bármi felbukkanjon, függetlenül attól, hogy az hogy néz ki. Hajlandónak kell lenned fogadni az ítéleteket, nemcsak névtelen bloggerektől vagy alkalmi ismerősöktől, hanem üzleti partnerektől és kollégáktól is. Amikor valaki megítél, használj kérdéseket, kérj több éberséget, és követeld meg, hogy több megengedésed legyen az ítélkezésekkel kapcsolatban, bármi is legyen az. Az ítélkezések nem valósak. Ha beveszed, hogy valóságosak, akkor megállítod az üzleted és a lehetőségek áramlását. Ez valószínűleg a legfontosabb dolog az ítéletekkel kapcsolatban: nem valóságosak. Azon alapulnak, amit az ítélkező személy nem hajlandó befogadni.

Hajlandónak kell lenned, hogy minden ítéletet befogadj, ami azt jelenti, hogy megengedésben kell lenned az ítélkezéssel, és hogy érdekes nézőpontként tekints rá. Ha nem így teszel, és egyetértesz és hozzáigazodsz, vagy ellenállsz és reakcióba mész, akkor megengeded az ítéletnek, hogy megállítsa az összes lehetőség áramlását most és a jövőben. Sokkal könnyebb egyszerűen fogadni az ítéleteket. Mindemellett minden ítélet hozzájárulás az üzleted teremtéséhez. Például, ha valaki gazdagnak ítél meg, akkor több pénzt fogsz teremteni. Ha valaki sikeresnek ítél meg, akkor az több sikert hoz.

Magas pipacs szindróma

Ausztráliában van egy jelenség, amit magas pipacs szindrómának neveznek, ami arról szól, hogy nem szabad kitűnni vagy kilógni a tömegből. Nem szabad gazdagnak és sikeresnek lenned, hacsak nem kemény munkával érted el. És ha könnyedén érsz el nagy sikereket, akkor az emberek kegyetlenül meg fognak ítélni, és megpróbálnak addig ütlegelni, amíg összehúzod magad az ő méretükre. Vannak, akik meg sem próbálnak valami nagyszerűt alkotni, mert nem akarnak magas pipaccsá válni, akit aztán levágnak.

Lehet, hogy felmerül benned a kérdés: „Miért kell fogadnom az ítéleteket? Utálom, ha megítélnek!". Lehet, hogy azt hiszed, hogy felállíthatsz egy határt az ítéletekkel kapcsolatban, amiket fogadni fogsz, de ez nem így működik. A helyzet az, hogy amikor nem vagy hajlandó fogadni az ítéleteket, korlátozod a befogadásodat, ami azt jelenti, hogy nem leszel képes mindent befogadni, amit szeretnél az életben, és ebbe a pénz is bele tartozik.

A tisztítás folyamata

Itt szeretném bemutatni azt a tisztító mondatot, amit az Access Consciousnessben használunk, hogy elkezdhesd kitisztítani az ítéleteket, amikkel másokról, magadról és az üzletedről rendelkezel. Ami így működik:

Kezdjük egy egyszerű kérdéssel:

Milyen ítéleteket tettél valósabbá mint a végtelen lehetőségeket magad és az üzleted számára?

Nem szükséges választ vagy feleletet keresni erre a kérdésre. Éberséget keresünk, nem választ. És az éberség lehet, hogy nem szavak formájában jelenik meg, hanem lehet, hogy energiaként vagy érzésként fog felbukkanni. Az is elképzelhető, hogy kognitíve nem fogod tudni, mi a válasz erre a kérdésre. Nem számít, hogy hogyan jelenik meg számodra. Csak tedd fel a kérdést. Aztán kifejezed a hajlandóságodat, hogy teljesen fogadd azt az energiát, amit a kérdés felhozott (ha tényleg hajlandó vagy fogadni azt), ugyanígy a hajlandóságodat, hogy elpusztítsd és nem teremtetté tedd ezt:

Mindent, ami ez, elpusztítom és nem teremtetté teszem, isten tudja hányszorosan.

A következő lépés a tisztító mondat használata. A tisztító mondat eltörli a korlátozott nézőpontjaidat, hogy más lehetőséged legyen az életedet és az üzletedet illetőleg.

A gondolatok, érzések és érzelmek pusztítás pontjához nyúlik vissza (ami a POD, azaz point of destruction), és a teremtés pontjához (ami a POC, azaz point of creation), amik közvetlenül megelőzték a döntést, ítéletet vagy korlátozást, amit magadra vettél. Olyan mintha egy kártyavár legalsó kártyáját húznád ki, az egész összeomlik. Nem számít, hogy a teremtés pontja vagy a pusztítás pontja múlt héten volt, vagy száz millió évvel ezelőtt, a tisztító mondat oda megy, ahol ezek a nézőpontok először létrejöttek és kitisztítja a döntéseket, amiket akkor meghoztál. Ez mind energetikailag történik, amikor a kérdést, és a tisztító mondatod használod.

Az egyik módja, hogy megértsd a tisztító mondatot, ha az energia nyelveként tekintesz rá. Nem számít, hogy az elméddel felfogod-e, az épp elég, hogy használod. Ha a logikus elméddel ki tudtál volna mindent találni, akkor már mindened meglenne, amire csak vágysz. Bármi is az, ami visszatart attól, hogy meg legyen az amire vágysz, az nem logikus. A tisztító mondat úgy lett megalkotva, hogy minden nézőpontodat kisüsse, hogy az éberségedből és a tudásodból kezdhessél el működni.

Valójában éberség és tudás vagy. Végtelen lény vagy, és végtelen lényként mindent érzékelhetsz, mindent tudhatsz, minden lehetsz és mindent fogadhatsz. Teljes éberségből tudsz működni, és teljes tudatosságból az életed minden területén, az üzletet is beleértve, ha választod.

Tudsz lehetőségekből, választásból, változásból, megkövetelésből és hozzájárulásból működni. Megnyithatod az ajtót annak, ami ma lehetséges számodra, az üzleted, az életed és a bolygó számára. Ha hajlandó vagy akként a végtelen lényként működni, ami valójában vagy, meghívhatod a világot a változásra, és az üzletedet arra, hogy kiterjedjen. És több örömet, boldogságot és hálát teremthetsz az életedben. Ezért olyan erőteljes az ítéleteid kitisztítása.

A tisztító mondat

Miután kifejezted a hajlandóságod, hogy fogadd az energiát, amit a kérdés felhozott, kimondod a tisztító mondatot:

> *Helyes és helytelen, jó és rossz, POD és POC, mind a kilenc, rövidek, fiúk és túlontúl.*[2]

Használhatod a teljes tisztító mondatot, ahogy itt említettem, vagy mondhatod azt is, hogy: „Minden, ami ez, POD és POC", vagy „Minden, amit a könyvben olvastam". Ez összegyűjti az energiát, és elkezdi elpusztítani és nem teremtté tenni azokat a nézőpontokat. Csak próbáld ki!

Sok kérdéssel fogsz találkozni ennek a könyvnek a további részeiben, és lehet, hogy lesz, amire energetikai reakciód vagy válaszod lesz, ahogy elolvasod őket. Használd a tisztító mondatot, hogy kitisztítsd a megjelenő energiákat. Ne felejtsd, ez az energiáról szól, nem a szavakról. Az energia megelőzi a szavakat. Ne tedd jelentőségtelivé; csupán energiát és korábban létrehozott nézőpontokat, korlátozásokat és ítéleteket tisztítasz. Próbáld ki! Ha ez működik neked, akkor remek. Mi a legrosszabb, ami történhet? Akár az egész üzletedet és életedet megváltoztathatja; több pénzt hozhat, és örömtelibbé válhatsz tőle.

---

2   *Ha több információt szeretnél a tisztító mondatban szereplő kifejezések jelentéséről lapozz a szójegyzékhez részletesebb magyarázatért.*

Készen állsz, hogy kipróbáljuk? Ez nagyon egyszerű.

Milyen ítéletet tettem valóságosabbá mint a végtelen lehetőséget magam és az üzletem számára? Mindent, ami ez, és mindenhol, ahol ezt nem voltam hajlandó befogadni, elpusztítom és nem teremtetté teszem, isten tudja hányszorosan. Helyes és helytelen, jó és rossz, POD és POC, mind a kilenc, rövidek, fiúk és túlontúl.

Mások megítélése

Szeretnél még többet kitisztítani a saját üzleteddel és életeddel kapcsolatos ítéleteidből? Itt egy nagyszerű kérdés, amit használhatsz, amikor azon kapod magad, hogy mások felett ítélkezel. Azért nagyszerű, mert az idők folyamán voltunk már minden, és csináltunk már mindent, és ahhoz, hogy megítélj valamit, már meg kellett tenned, vagy lenned kellett az, amit megítélsz. Például, ha valaki, akivel együtt dolgozol, tesz vagy mond valamit, és észreveszed, hogy megítéled őt, tedd fel ez a kérdést:

Hol voltam már ez, és hol csináltam már ezt? Mindent, ami ez elpusztítom és nem teremtetté teszem, isten tudja hányszorosan. Helyes és helytelen, jó és rossz, POD és POC, mind a kilenc, rövidek, fiúk és túlontúl.

Az ítéleteid megállítják, hogy befogadj mindent, ami lehetséges.

Negyedik fejezet

Minden kérdés lehetőséget teremt

A barátaim Ausztráliában – Chutisa és Steve Bowman – nagyszerű könyveket írtak, beleértve a Conscious Leadershipet (Tudatos vezetés) és a Prosperity Consciousnesst (Bőség tudatosság). Chutisa és Steve a világ körül utaznak és igazgatókkal, vezetőségekkel dolgoznak együtt. Az a nézőpontjuk, hogy ha tudatosságot tudsz teremteni az egész tetején, akkor át fogja járni az egész céget. Megfigyelték, hogy az igazán sikeres igazgatók gyakran tesznek fel kérdéseket. Ezek az igazgatók sosem hiszik azt, hogy igazuk van, vagy hogy nekik megvan mindenre a válaszuk. Helyette folyamatosan kérdeznek. A kérdések invitálják az új lehetőségeket, új információkat és az új nézőpontokat. A kérdések megengedik, hogy valami más tűnjön fel, miközben egy válasz holtpontra juttat. A válasz ilyen: „Ennyi. Köszönöm, nem. Ne tovább!".

Amikor egy vállalat csúcsáról kérdések érkeznek, ez egy áramlást és lehetőségeket teremt mindenkinek a cégnél, mert minden egyes személy az üzletben valami mást hoz magával. Milyen lenne, ha felismernéd, hogy mindenki a cégednél, az üzletedben teljesen más perspektívát tud mutatni, a saját ébersége alapján? Milyen lenne, ha hajlandó lennél befogadni, elismerni és hálás lenni minden egyes személy éberségéért az üzletedben, és a hozzájárulásért, ami ő? Hajlandó lehetnél befogadni, elismerni és hálás lenni mindenkinek az életedben, és a hozzájárulásért, amik ők neked. Ez talán megváltoztatna néhány dolgot számodra.

Válaszokkal rendelkezni

Az elmúlt pár évben, sok emberrel beszélgettem a projektekről és üzletekről, amikben részt vesznek, és sokuknak az a nézőpontja, hogy amikor üzletben vagy, minden apró részletet ki kell dolgoznod, mielőtt bármi is történhetne ahelyett, hogy elengednéd.

Ez teljesen passzol az oktatási rendszerünkhöz. Fiatal korunk óta arra tanítanak minket, hogy minden válasszal rendelkeznünk kell. Amint elkezdünk iskolába járni, megtanuljuk megadni a „helyes" választ, hogy jó jegyet kapjunk. De az üzleti siker nem a válaszokról szól, vagy arról, hogy a „helyes" következtetésre jussunk, vagy hogy megjósoljuk, mit fog történni, vagy arról, hogy megpróbáljunk dolgokat előidézni. Arról szól, hogy kérdésben létezel. Felébresztheted az üzleted és az életed, amikor kérdezel, megbízol a tudásodban, és fejleszted az éberséged arról, hogy mi egyéb lehetséges.

Ne gondolkodj – kérdezz!

A válaszok, következtetések és döntések meghozása helyett, gyakorold a kérdés feltevést. Amikor kérdezel, azonnal kapsz egy energetikai feleletet. Például, ha felteszel egy olyan kérdést mint: „Igazság, ez fog nekem pénzt hozni?", megjelenik az energia, és tudod, hogy igen vagy nem. Az energia még a szavak előtt megjelenik, és a tudásod azonnali. Az emberek gyakran nem hajlandóak elismerni azt, amit tudnak, és inkább mennek gondolkodásba, minthogy megkérdeznék: „Igazság, mit mutat nekem ez az energia?". Kételkednek a tudásukban. Ilyenkor válnak megtévesztővé a dolgok. Ahelyett, hogy gondolkodnál rajta, tegyél fel egy kérdést. Légy hajlandó követni az éberséged, légy hajlandó követni, amit tudsz, és ez alapján létrehozni egy választást. Emlékezz: a választás teremti az éberséget.

Például, ha szeretnél alkalmazni valakit, megkérdezheted: „Igazság, ő fog nekem pénzt hozni?", és azonnal érzékeled az energetikai feleletet. Az energia nehezebbnek vagy könnyebbnek fog érződni. **Ha nehéznek érződik, gyakran hazugságról van szó. Ha könnyűnek érzed, általában igaz.** Használd ezt az eszközt, amikor kérdéseket teszel fel és választásokat hozol az üzleteddel kapcsolatban. Ha követed az energiát, tudni fogod, mit tegyél. Ha nem kérdezel, és nem vagy nyitott arra, hogy éber légy, előfordulhat, hogy bemész a fejedbe és elkezdesz gondolkodni. Lehet, hogy egy bizonyos végkimenetelt próbálsz megteremteni, mielőtt még bármi is elkezdődne. Mintha megpróbálnád kitalálni, hogy valami hogy fog működni, mielőtt még adtál volna neki egy esélyt, hogy megmutassa neked a lehetőségeket. Bízz bennem, sokkal egyszerűbb követni az energiát és kérdezni, mint a fejedet használni és gondolkodni.

Te mint végtelen lény mindent tudsz. Nincs semmi, amit ne tudnál. Gyere ki abból, hogy úgy működsz, amit én az üzlettel kapcsolatos fejbódultságnak nevezek. Inkább használj kérdéseket, kövesd az energiát, és működsz az éberségedből és a tudásodból. Sokkal bulisabb lesz, és a végén még örömteli leszel az üzletben!

Ha könnyed érzés, igaz. Ha nehéznek érzed, hazugság.

A könnyű-nehéz eszközt alkalmaztam, amikor elkezdtem az USA-ban üzletelni. A kezdetekben semmit nem tudtam arról, hogy ott hogyan csinálják az üzletet, így elkezdtem ügyvédekkel és könyvelőkkel beszélni, hogy megszerezzem a szükséges információkat. Azt hittem, hogy az ügyvédek és a könyvelők mindent tudnak, amíg rá nem jöttem: „Azta! Nemcsak nem kapom meg az információt, amire szükségem van, hanem ráadásul ellentmondásos adatokat adnak". Aztán végül „leesett", hogy amitől könnyebbnek érzed magad, igaz, és amitől nehezebbnek érzed magad, hazugság. Ilyenek mondtam: „Oké, beszéltem ezekkel az ügyvédekkel és könyvelőkkel, és amit ő mondott, sokkal értelmesebbnek tűnik, és még könnyebbnek is érzem magam. Ha azt kezdem el alkalmazni, amit ő mondott, mit fog teremteni? Létrehozná azt a változást, amire vágyok?". Így meghozni a választásokat teljesen más, mint a lineáris gondolkodás és a válaszok keresése. Valójában egyszerűbb és még bulisabb is. Ez az üzlet öröme! Nem kell egyedül tudnod mindent, csupán hajlandónak kell lenned kérdezni.

Az elméd csak azt tudja, amit
már megcsináltak ezelőtt

Az elméd csak azt tudja, amit már ezelőtt is csináltak, így korlátozza az érzékelésedet arról, ami lehetséges. Ha azt kéred, hogy olyan dolgok jelenjenek meg, amik túlmutatnak minden eddigi képzeleteden, ki tudja, milyen lehetőségek mutatkozhatnak meg? Van, hogy felteszel egy kérdést, és hirtelen megjelennek a dolgok a fizikai univerzumban. Azt kérdezed: „Mi kellene ahhoz, hogy még jobban kiterjedjen az üzletem?". És puff! Valami vagy valaki megjelenik. Lehet, hogy jön valaki, aki szeretne két millió dollárt befektetni az üzletedbe. Lehet, hogy találkozol egy híres producerrel, aki szeretne segíteni, hogy előrelépj az énekesi pályádon. Lehet, hogy valami olyan dolog jelenik meg, ami egyáltalán nem úgy néz ki, mintha bármi köze lenne az üzletedhez. (Emlékezz: hajlandónak kell lenned ezt befogadni.)

Egy kérdés képes mindent megváltoztatni.

Használj kérdéseket az életed minden aspektusában: az üzletedben, a kapcsolataidban és a pénzeddel kapcsolatban is. A végtelen lehetőségek teréből, hajlandósággal befogadni bármit is mindent, érdemes kérdezned. Nem döntheted el, hogy minek kellene lennie a válasznak. Mi kellene ahhoz, hogy éber legyél, és kinyílsz a végtelen választások és lehetőségek irányába?

Ragaszkodás a végkimenetelhez

Amikor ragaszkodsz a végkimenetelhez, van egy válasz vagy végkimenetel, amit akarsz. Ráfókuszálsz, és lezárod az éberséged minden másról. Olyan leszel, mint egy szemellenzős versenyló. Már nem érzékelsz, és nem fogadod be az információkat és az ajándékokat, amiket az univerzum eléd rak. Nem látsz semmit, ami nem igazodik ahhoz a végkimenetelhez, amire fókuszálsz. Lehet, hogy egy nagyszerű lehetőség jelenik meg, és ez túl van azon, amit képes vagy érzékelni. Ez megtörtént egy barátommal, akinek több nagyon sikeres üzlete is volt. Kérdéseket használt, megjelent a varázslat, és képes volt többet teremteni és generálni, mint amit lehetségesnek hitt. De nemrég elkezdett egy újabb vállalkozást, és nagyon szerette volna, hogy ez sikeres legyen, és nem volt ugyanilyen sikeres benne. Miért? Annyira érdekelt volt a végkimenetelben, hogy már nem látta, hogy mi lehetséges.

A kérdések kinyitják az ajtót a lehetőségekre

Nemrég meghoztunk egy érdekes ítélkezést a Good Vibesszal gyártott palackozott vizünkről. A PET palackokat szerettük volna biológiailag teljesen lebomló palackokra, és azt hittük, hogy a nagykereskedők majd lelkesen támogatják ezt a változást. Az új palackok drágábbak a szokásosnál, de eldöntöttük, hogy az emberek biztos hajlandóak lesznek egy kicsivel többet fizetni olyan vízért, ami biológiailag lebomló palackban van, hogy így gondoskodjanak a bolygóról. (Vedd észre, hogy nem tettünk fel kérdést. Egyenesen válaszba és ítélkezésbe mentünk.) Azt vártuk, hogy az emberek elkezdenek ugrálni örömükben, amikor bejelentettük ezt a változást. Azt hittük, hogy menetelő zenekarral és tűzijátékkal ünneplik majd. Hipp-hipp hurrá!

Ámde a nagykereskedők nem így reagáltak; kiderült, hogy sokkal jobban érdekelte őket az ár. Végül rájöttünk, hogy következtetésbe mentünk, és hajlandóak lettünk befogadni a nagykereskedők nézőpontját, feltenni több kérdést, és (mindeközben) nem feladni azt, amiről tudtuk, hogy lehetséges. (Soha ne következtesd ki, hogy elbuktál.) Kijöttünk az arról szóló ítélkezésből, hogy a közönség hogyan fogja fogadni a termékünket, és elkezdtünk kérdezni: „Mit kell itt megváltoztatnunk? Mit kell hozzáadnunk? Kivel kell beszélnünk? Milyen információra van szükségük?". Ezek a kérdések ajtót nyitottak néhány új lehetőség irányába számunkra. Azóta már kapcsolatba léptünk olyan cégekkel, akik hálásak azért, hogy biológiailag lebomló palackokban is elérhető a víz.

Kijelentés kérdőjellel a végén

Előfordul, hogy az emberek döntéseket hoznak arról, hogy minek kell történnie az üzletben – majd megpróbálják a döntésüket kérdéssé változtatni. Ezt úgy hívják, hogy kijelentés kérdőjellel a végén. Ez nem visz sehova. Ugyanott maradsz, ahol mindig is voltál. Ez azért van, mert amint következtetést vagy döntést hozol, leállítod az energiát – és az univerzumban minden energia. Azonban, ha felteszel egy végtelen kérdést, megerősít téged, és invitálja azt, ami lehetséges.

Mostanság beszéltem egy hölggyel, aki ki volt akadva az alacsony forgalmú órák miatt a kiskereskedésében.

Megkérdeztem tőle: „Szóval, milyen kérdést tehetnél fel ezzel kapcsolatban?".

Azt válaszolta: „Mi kellene ahhoz, hogy bejöjjenek ide az emberek, és pénzt költsenek?".

Ez egy kijelentés kérdőjellel a végén. Eldöntötte, hogy az a válasz, hogy bejönnek az emberek és pénzt költenek – majd megpróbálta ezt a döntést kérdéssé változtatni.

Azt javasoltam: „Egy sokkal kiterjesztőbb kérdés ez lehetne: 'Kit vagy mit adhatnék az üzletemhez, ami ma és a jövőben pénzt generálna?'. Ez kinyit a lehetőségekre, ráadásul nemcsak a ma lehetőségeire, hanem a jövő lehetőségeire is. Ki tudja, mi jelenhet meg? Lehet, valaki felajánlja, hogy megvásárolja az üzletet az értéke kétszereséért. Vagy esetleg valaki franchise-t csinálna az üzletedből, és kivinné a világpiacra!".

A lehetőségek végtelenek.
Bármi lehetséges.

Mit csináljak következő lépésként?

Ha bármikor is van olyan pillanat az üzletedben, hogy azon tűnődsz: „Mit csináljak következő lépésként?", tegyél fel kérdéseket! Kérdezni kötelező. Ha úgy érzékeled, te vagy az üzleted beragadtatok, tegyél fel ilyen kérdéseket:

+ Milyen információ hiányzik itt?
+ Hol kell lennünk?
+ Szeretne az üzlet megváltozni?

- Mit intézményesíthetnénk ma, hogy többet teremtsünk most és a jövőben?
- Milyen varázslat jelenhet meg ma nekem és az üzletemnek?
- Hogy lehet még ettől is jobb?
- Mi nem vagyunk hajlandóak lenni, mivel nem vagyunk hajlandóak rendelkezni, mit nem vagyunk hajlandóak tenni, teremteni és generálni az üzlettel és az üzletként, amit ha megtennénk, több lehetőséget invitálna, mint amit valaha lehetségesnek képzeltünk? (Használd a tisztító mondatot ezután a kérdés után.)

Ha hajlandó vagy meghallgatni, megkapod a szükséges információt.

Egy másik nagyszerű alkalom, hogy feltedd ezeket a kérdéseket, ha észreveszed, hogy halogatsz. Mi van, ha csupán több információra van szükséged? Valahányszor úgy érzed, hogy te vagy az üzleted beragadtatok, mindössze más vagy több információra van szükséged. Tegyél fel több kérdést.

Az univerzum imád a barátod lenni. Szeretne segíteni neked. Imádja, amikor kérdéseket teszel fel. Azt mondja: „Igen! Kérdezel tőlem, és hajlandó vagy befogadni". Van egy régi film, amiben az egyik karakter tesz egy olyan megjegyzést, hogy az univerzum egy svédasztal, mégis vannak olyanok, akik éhenhalnak. A svédasztal az orrod előtt van. Csupán kérdezned kell, és hajlandónak kell lenned többet befogadni.

A kérdések az erődbe emelnek.
A válaszok elveszik az erődet.

Használj kérdéseket, hogy elismerd, amit teremtesz és generálsz

Valahányszor valami jól működik az üzletedben, vagy úgy érzed, valami sikeres volt, ismerd el. Ezt hogy csinálod? Két módja is van.

Az egyik, hogy légy hálás! Legyél hálás mindenért, ami megjelenik, legyél hálás minden dollárért, amit te és az üzleted megkerestek, legyél hálás minden sikerért.

A másik módja, hogy kérdezel. Ne következtess azzal, hogy olyan dolgokat mondasz mint: „Azta! Ez jól működött". Inkább kérdezd meg:

* Hogy lehet még ettől is jobb?
* Mi más lehetséges?

Az ilyen kérdések még több sikert invitálnak. Az olyan kijelentések mint: „Ez csodás volt!", vakvágányra vezetnek. Nem invitálnak új lehetőségeket. Mi az energetikai különbség aközött, ha azt mondod: „Azta, ez volt a legjobb szex, amiben valaha részem volt!", és ha azt mondod: „Azta, hogy lehet még ettől is jobb?"? Melyik hajlamosabb megállítani azt, hogy előre mozduljon az energia? Más szóval, hogyan kaphatsz többet a jó dolgokból? Kérdezz!

Ne csak akkor kérdezz, amikor a dolgok nem úgy jelennek meg, ahogyan szeretted volna. Kérdezz, mindegy mi történik. Miért? Megkéred az univerzumot, hogy valami még nagyszerűbb dologgal járuljon hozzá!

Egy barátnőm elment Párizsba üzletelni, és eldöntötte, hogy egy gyönyörű öt csillagos szállodában szeretné tölteni az utolsó éjszakáját a városban. (Kulcsszó az eldöntötte. Döntést hozott arról, hogy mi fog történni, és leállította az áramlást.)

Elment a hotelbe, kért egy szobát, a recepciós férfi pedig azt mondta, hogy sajnálja, de tele vannak.

El is kulloghatott volna csalódottan, de mivel ekkor azt választotta, hogy kérdez, átfordultak a dolgok. Állt a pultnál és megkérdezte: „Hogy lehet még ettől is jobb?".

A pult mögött álló férfi azt mondta: „Sajnálom".

A barátom ismét megkérdezte: „Hát, hogy lehetne még ettől is jobb?".

A férfi azt mondta: „Egy pillanat, kérem. Beszélek a managerrel".

Kijött a manager, megkérdezte, hogy mit szeretne, elmondta, hogy ez az utolsó éjszakája Párizsban, és szeretne egy szobát. A manager azt mondta: „Sajnálom, de tele vagyunk".

Ismét megkérdezte: „Hogy lehet még ettől is jobb?".

Ránézett a barátnőmre, majd a számítógépre, és azt mondta:„Hát... az egyetlen elérhető szobánk ma éjszaka a penthouse lakosztály". Megállt egy pillanatra, majd azt mondta: „A standard szoba árán oda tudjuk adni Önnek, de csak egy éjszakára".

Hatalmas mosollyal az arcán megkérdezte a barátnőm: „Hogy lehet még ettől is jobb?". Megkapta a szobát, ráadásul még egy üveg pezsgőt is küldtek neki a lakosztályba! (Hogy lehet még ettől is jobb?)

Bármilyen szituációban használhatod ezt a kérdést. Új-Zélandon egy mosógép eladással foglalkozó üzlet értékesítő menedzsere hallott erről az eszközről, és megtanította a személyzetének. Javasolta, hogy kérdezzék meg: „Hogy lehet még ettől is jobb?", valahányszor eladnak valamit, és akkor is, ha nem adnak el semmit. Az értékesítők így tettek, és hat hónapon belül megduplázódtak az eladások. Mindenki elégedett volt a sikerrel és az eladásokkal, ami még több örömet teremtett az üzletben. Ha létrehozol egy olyan környezetet, ahol az emberek kérdésből működnek és hajlandóak bármit befogadni, a dolgok gyorsan mozdulnak, és jól érzik magukat az emberek. Ez az üzlet öröme.

Nem számít, hogy szolgáltatást vagy terméket árulsz, tegyél fel kérdést minden egyes eladás után (és minden egyes sikertelen eladás után is), és nézd meg, mi történik. A kérdezés megengedi, hogy sokkal több minden megjelenjen. Ezeket a kérdéseket is kipróbálhatod:

+ Milyen varázslatot teremthetek ma az üzletemmel?
+ Mi kellene ahhoz, hogy több pénz jelenjen meg ma és a jövőben, mint amit valaha is lehetségesnek tartottam?

Ha hajlandó vagy megengedni, hogy megtörténjenek, váratlan dolgok jelenhetnek meg látszólag véletlenszerű helyekről.

El kell ismerned minden megjelenő lehetőséget, ami igazodik a célirányaidhoz, amiket létrehozol az üzletednek, projektednek, termékednek, vagy bármiről is legyen szó. Senki más nem fogja megtenni helyetted. Ne ülj és várj valakire, hogy jöjjön és mondja el neked, hogy milyen nagyszerű vagy, vagy milyen zseniális munkát csináltál. Ismerd el, amit teremtesz és generálsz. Például, ha Access Consciousness kurzust facilitálsz embereknek, hatalmas ajándék, amikor valaki megváltozik és meglát egy másik lehetőséget. El kell ismerned, hogy ezt facilitálod. Valahányszor van egy "sikered", kérdezd meg: "Hogy lehet még ettől is jobb?", vagy: "Mi más lehetséges?". Ha ezt képes vagy megtenni magadért, minden ki fog terjedni neked, és mindenkinek körülötted. Egyszerű és könnyű.

Az univerzum bőséges. Ajándékozni szeretne neked. Belenyúlsz az univerzum bőségébe, amikor felteszel egy kérdést.

Ötödik fejezet

Valóság és idomulás
Elhiszed a lehetetlent?

Lewis Carroll Alice csodaországban című könyvében Alice ezt mondja a Fehér Királynőnek: "A lehetetlent nem hiheti el az ember!".

Erre a Fehér Királynő ezt feleli: „Volt úgy, hogy már reggeli előtt hat lehetetlen dolgot elhittem".

Nagyon tetszik a királynő válasza. Kifejezi az örömet, a lehetőségeket és a bulisságot, ami lehetsz az üzletedben és az életedben. De a legtöbbünk hozzá lett szoktatva, hogy úgy gondolkozzunk mint mindenki más. Azt tanítják nekünk, hogy egy olyan valóságban kell élnünk, ami mindenki más gondolataiból áll, és korlátozva vannak a lehetséges dolgok. Azt mondják: „Szálljuk már le a földre". Arra szoktatnak rá, hogy ne higgyünk a „lehetetlen" dolgokban.

Beidomítás/idomulás

Ha egy csomó órát egy szobába teszünk és mindegyik egy kicsit másként ketyeg, egy idő elteltével végül mindegyik összehangolódik egymással, és egyszerre fognak ketyegni. Ezt hívják idomulásnak. Ez az, amit mi is csinálunk. Magunkat mindenki más valóságához idomítjuk a kulturális környezetünkben, a szakmánkban, vagy bármiről is legyen szó. Hajlamosak vagyunk elhinni, amit mások hisznek, és úgy csinálni a dolgokat, ahogy ők csinálják. A legtöbb embernek kényelmes idomulásból működni. Ez az alapja a kapcsolódásuknak és a valóságuknak az üzletben. Pont ezért csinálják.

Attól a pillanattól kezdve, hogy reggel felébredsz, be vagy idomítva; mit egyél, mi legyél, mit hordjál, mikor foglalkozz az üzleteddel, mennyi pénzt keress, vagy éppen mennyi pénzt ne keress... Úgy teremted az anyagi körülményeidet, hogy illeszkedj ahhoz, amit mindenki más csinál, hogy pont olyan lehess, mint ők? Ha igen, akkor valószínűleg az úgynevezett kontextuális valóság alapján működsz.

Kontextuális valóság

A kontextuális valóság egy olyan valóság, amihez hozzáidomultunk vagy beleilleszkedtünk, és az alapja az idő, a dimenziók, a valóság és az anyag. De valójában létezik az idő, vagy csupán egy teremtmény? Ez csupán valami, amit létrehoztunk. Ugyanez a helyzet a dimenziókkal, a valósággal és az anyaggal. Ezek a teremtmények mind azon alapulnak, hogy miként lettünk az érzékelésre beidomítva és nem azon a varázslaton alapulnak, hogy mi az, ami megjelenhet. Nem azon alapulnak, ami valójában lehetséges.

Amikor egy kontextuális valóságban működsz, azt keresed, hogy hogyan illeszkedj be, hogy miből származik előnyöd, mi az, amit nyerhetsz, és hol veszíthetnél. A kontextuális valóság azt mutatja meg, hogy az üzletbe hova illesz be, vagy hogy hol van a piaci résed, és annál tovább nem léphetsz. Azt mutatja meg, hogy hogyan tudod kiszámolni, hogy az üzletedből milyen előnyöd származik, és hogyan határozd meg a sikeredet az alapján, hogy mi van a bankszámládon.

Nem-kontextuális valóság

Mi lenne, ha átugranál egy másik vágányra, univerzumokat változtatnál meg és egy teljesen más valóságból működnél mint amihez hozzá voltál idomítva? Képes vagy rá. Működhetsz egy nem-kontextuális valóságban. Ahelyett, hogy azt keresnéd, hogy mi lehetséges az idővel, a dimenziókkal, a valósággal és az anyaggal kapcsolatban, mi lenne, ha érzékelnéd az energiát, a térűrt és a tudatosságot? Milyen lenne, ha tudnád, hogy mindennek van tudatossága, még a széknek is, amin ülsz? Mindennek van tudatossága. Mindennek van energiája. És aztán itt van a térűr. Oh… térűr. A térűr valójában tele van lehetőségekkel és kérdéssel.

Amikor egy non-kontextuális valóságból működsz, lehetővé teszi számodra, hogy egy olyan generatív képességgel rendelkezz, ami túl van az időn, dimenziókon, anyagon és valóságon. A nem-kontextuális valóság túl van a képzeleten, túl van a logikus elmén, a referenciapontokon, túl van mindenen, amit valaki is valaha tett vagy elért. Túl van mindenen, amit én vagy te valaha is lehetségesnek láttunk. Nincs formája, nincs struktúrája, nincs jelentősége, nincs története. Amikor egy nem-kontextuális valóságból működsz, akkor kérdéseket teszel fel, követed az energiát, és a tudásodból működsz.

Az érzések általában a kontextuális valóságon alapulnak

Ahelyett, hogy éberségből funkcionálnának, sokan intenzív érzelmekre támaszkodnak, ami lehetővé teszi számukra, hogy „megérezzék" a megfelelő választ az üzletben, mint például, hogy befektessenek-e valamibe, vagy megvegyenek-e egy bizonyos ingatlant. Az izgatottságra vagy más erős érzésre támaszkodnak, ami alapján megállapítják, hogy ez a megfelelő dolog számukra. Valójában ítéletet hoznak létre ahhoz, hogy dönteni tudjanak. Ezek az érzések gyakran a kontextuális valóságon alapulnak. Más szavakkal, a nyerés, vesztés, beilleszkedés, előnyszerzés alapelveiből indulnak ki. Arra szeretnék itt rávilágítani, hogy lehetséges máshogyan is működni. Érzékelheted és működhetsz energiából, térűrből és tudatosságból. Lehetséges a tudásodból működni, az elméd vagy az érzéseid helyett.

Arra invitállak, hogy ne menj bele a kényelembe és az idomulásba, hanem inkább az éberségedből működj, és abból, hogy mi lehetséges. Mi történne, ha hajlandó lennél teljesen megbízni magadban, és az éberségedből és a tudásodból működni? Képzeld el, milyen lenne az üzleted, ha egyszerűen csak megbíznál magadban. Ez több pénzt hozna vagy kevesebbet? Több lenne az öröm vagy kevesebb? Bulisabb lenne vagy kevésbé lenne bulis?

Az éberség egyébként nem kényelmes.
Ez lehet az oka annak, hogy sokan elkerülik.

Mi lenne, ha úgy teremtenéd az üzleted, ahogy tudod, hogy teremteni tudod? Ha az üzleti modelledet nem az idomulásból működtetnéd, akkor az üzleti modelled egy téged tükröző teremtés lenne, és nem lennének versenytársaid, függetlenül attól, hogy ruhaüzleted van, vízpalackozó céged van, vagy ingatlan kereskedelemmel foglalkozol. Ha bíznál magadban, az üzlet, amit teremtesz, teljesen más lenne, mint bárki másé. Nem figyelnéd, hogy más vállalkozások hogyan működnek, hogy meghatározd, hogy a sajátodat hogyan csináld.

Mi van, ha az időre, a dimenziókra, a valóságra és az anyagra nem úgy tekintesz mint ennek a valóságnak az építőkockáira, hanem inkább mint olyan elemekre, amiket manipulálhatsz és használhatsz? Használd őket, amikor olyanokkal dolgozol, akik ebből a kontextuális valóságból működnek, de ne legyél általuk korlátozva. Változtass meg univerzumokat! Működj egy teljesen más valóságból. Tudom, hogy tudod, hogy miről beszélek.

Hat lehetetlen dolog

Ennek a fejezetnek ez elején a Fehér Királynőt idéztem: „Volt úgy, hogy már reggeli előtt hat lehetetlen dolgot elhittem". Az alább található gyakorlatban ezen kijelentésével játszottam, és megváltoztattam a hat lehetetlen dolgot elhinni részt hat lehetetlen dolog teremtésére.

Szoktál lehetetlen dolgokat teremteni? Miért nem? Arra hívlak meg, hogy lépj ki abból, amihez idomultál, hogy legyél, csinálj, birtokolj ilyeneket, és higgy benne, és tedd fel magadnak a következő kérdést: Milyen 6 lehetetlen dologról döntöttem el, hogy nem tudom megteremteni az üzletemmel?

Írd le a válaszaidat:

1. _____
2. _____
3. _____
4. _____
5. _____
6. _____

Most nézd meg egyenként a válaszaidat és kérdezd meg:
+ Tényleg igaz, hogy ez lehetetlen?
+ Mit kellene megváltoztatnom, választanom, és mit kéne elkezdenem, hogy ez megjelenjen?
+ Mit kéne az üzletemhez, az életemhez, élésemhez és a valóságomhoz hozzáadni, hogy ez megjelenjen?

Írjál le még hat lehetetlen dolgot:

1. _____
2. _____
3. _____
4. _____
5. _____
6. _____

Mi az amiről az üzlettel, a pénzeddel, az életeddel, a valóságoddal, az anyagi helyzeteddel, az pénznemeddel és a pénzáramlásoddal kapcsolatban eldöntötted, hogy lehetetlen? Mindent, ami ez, igazság, elpusztítanád és nem teremtetté tennéd, isten tudja hányszorosan? Helyes és helytelen, jó és rossz, POD és POC, mind a kilenc, rövidek, fiúk és túlontúl.

Milyen varázslat jelenhet meg ma magad és az üzleted számára?
Könnyebb lenne a dolgoz az üzleteddel, ha megengednéd neki, hogy varázslatos legyen?

A mi királysága

A kontextuális valóságban, az üzlet általában versenyről és a nyerésről szól. A verseny alapvető részét képezi a hagyományos üzletnek. A cégek egymással versengenek ugyanazért az ügyfélkörért, és az intenzív versengésre biztatják a cégeken belül az alkalmazottakat és a különféle részlegeket. Sokan azt gondolják, hogy ahhoz, hogy üzletileg sikeresek legyenek, ki kell tépniük a versenytársuk szívét, és mindent meg kell tenniük ahhoz, hogy nyerjenek. Úgy vélik, ez az út a sikerhez.

Szeretnék egy másik hozzáállást javasolni, aminek az a neve: „a mi királysága". A mi királyságában mindannyian ugyanazon a bolygón vagyunk. Együtt húzzuk a szekeret ugyanabba az irányba. Nem rólad szól mint egyénről, a mi királyságának az igazi ereje az, hogy képes vagy azt választani, ami neked működik, és mindenki másnak is. Rólunk szól, a lényekről, akik vagyunk, és arról, hogy mit szeretnénk teremteni.

Ez egy sokkal nagyobb kép. Nem az a helyzet, hogy egy csapat vagyunk, akinek egy előre meghatározott szabály szerint kell játszania, vagy annak megfelelően, amit valaki megmond, tennünk kell. Arról szól, hogy mindannyian képesek vagyunk hozzájárulni valamivel ahhoz, ami nagyszerűbb lehet.

Mi lenne, ha hozzájárulásból működnél az üzletben? Mi lenne, ha minden üzlet, ami ezen a bolygón van, hozzájárulna minden másik üzlethez? Mi lenne, ha megkérdeznéd, hogy mivel tudsz hozzájárulás lenni mások számára az üzletedben és mivel tudna hozzájárulás lenni az üzlet számodra? Mi lenne, ha hajlandó lennél hozzájárulni mások üzletéhez? Ez nem jelenti azt, hogy el kell ajándékoznod a boltodat, nem jelenti az, hogy el kell ajándékoznod az ötleteidet és a terveidet. Ez csupán annyit jelent, hogy amikor hajlandó vagy hozzájárulás lenni mindenkinek és mindenhez, minden hozzájárulás lesz a növekedésedhez. Amikor minden üzlet számára hozzájárulás vagy, azt is beleértve, ami másoké, az univerzum hozzájárulás lesz számodra. Amikor hozzájárulásból és nagylelkűségből működteted az üzletedet, a verseny kipenderül az ajtón. Ez az, amikor a kontextuális valóságon kívül működünk.

Alkalmazd az univerzumot

Az egyik Joy of Business (Üzlet Öröme) kurzusomon, valaki azt mondta nekem: „Mindig keményen dolgoztam, és sok állásom volt. Voltam csapos és gyári munkás. Nemrég elhatároztam, hogy saját vállalkozásba vágok, és függetlenül attól, hogy mit csinálok, úgy érzem, hogy nem jutok előbbre. Folyamatosan keresek valakit, aki majd megmondja, hogy mit tegyek, mert ez az, amit megszoktam".

Erre én ezt kérdeztem tőle: „Mi lenne, ha alkalmaznád az univerzumot és megkérnéd, hogy hozzájárulás legyen számodra? Ezt kérdezgesd: **Milyen energia, térűr és tudatosság lehetek én és az üzletem, ami lehetővé tenné számunkra, hogy az örökkévalóságon át alkalmazzuk az univerzumot?".**

Az univerzum itt van, hogy a segítségedre legyen.
Ha kérsz... ő teljesíti.

Itt van néhány kérdés, ami segíteni fog kifejleszteni a képességedet és hajlandóságodat, hogy hozzájárulás legyél mindenhez (és fogadj hozzájárulást mindentől) az univerzumban:

+ Milyen hozzájárulás tudok lenni az üzletemhez és az alkalmazottjaimhoz?
+ Milyen hozzájárulást tudok tőlük fogadni?
+ Miben tudok hozzájárulni az üzlethez?
+ Milyen hozzájárulást tud az üzlet fogadni tőlem?
+ Milyen hozzájárulás tud az üzlet lenni számomra?
+ Milyen hozzájárulást tudok fogadni az üzlettől?
+ Milyen hozzájárulást tud a testem fogadni az üzletemtől?
+ Ki és mi lehet hozzájárulás az üzletemhez?
+ Milyen hozzájárulást tud az üzletem fogadni másoktól?

Arra invitállak, hogy tedd fel ezeket a kérdéseket minden nap, és vedd észre, hogy milyen éberségek jelennek meg. Az, hogy felteszel kérdéseket, nem jeleneti azt, hogy elő kell állnod valami válasszal; ez arról szól, hogy a hajlandó legyél megváltoztatni az energiát, és megengedni, hogy több lehetőség jelenjen meg.

Mindenhez hozzájárulás vagy, a pénzt is beleértve

Van, hogy az alábbi kérdések feltevésére invitálom az embereket:

+ Mivel tud a pénz hozzájárulás lenni számomra?
+ Mivel tudok én hozzájárulás lenni a pénz számára?

Erre ezzel a kérdéssel szoktak válaszolni: „Micsoda? Hogyan tudnék én hozzájárulás lenni a pénz számára?".

Erre az a feleletem:„Hozzájárulsz a házadhoz, a bútoraidhoz, az autódhoz azzal, hogy gondoskodsz róluk, nem? A pénzhez ugyanígy hozzájárulsz. Gondoskodsz róla. Táplálod, hogy növekedni tudjon. Hálás vagy érte. Izgatott és örömteli vagy a pénzzel kapcsolatban. Azt mondod, hogy:„Hurrá, pénz!". Azzal is hozzájárulsz a pénzhez, hogy félreteszed és jól befekteted, ami hozzájárul ahhoz, hogy kiterjedjen és növekedjen".

Könnyedség, öröm és ragyogás

Az egyik legnagyszerűbb eszköz, amit az Access Consciousnesstől kaptam az az Access mantrája: Az egész élet könnyedén, örömmel és ragyogva árad felém. Ez arról szól, hogy az *egész* élet könnyedén, örömmel és ragyogva áramlik feléd, nem csak az, amit jónak ítéltél meg. Ez azokat a dolgokat is magába foglalja, amiket rossznak ítéltél. Ismered azokat a napokat, amikor felébredsz, és az élet nem érződik olyan csodásnak? Vagy elmész dolgozni, és felidegesít, hogy a dolgok nem olyan módon jelennek meg, ahogy szeretted volna?

Vagy annyi dolgod van, hogy nem tudod, hogy hogyan fogsz mindent elintézni?

Mindegy, hogy milyen napod van mindegy, hogy mi történik, használd a mantrát: „Az egész élet könnyedén, örömmel és ragyogva árad felém". Mondd újra és újra. A dolgok elkezdenek megváltozni. Az univerzumot arra kéred, hogy támogasson, hogy az egész feléd áramló életet könnyedén, örömmel és ragyogással fogadjad.

Az egész élet könnyedén, örömmel és ragyogva árad felém.

Hatodik fejezet

Emberek és humanoidok
Gyere ki az önbírálatból

Mielőtt megismertem Gary Douglast és elkezdtem Access Consciousness tanfolyamokra járni, gyakran úgy éreztem, mintha valami furcsa teremtmény lennék, aki sehova nem illik be ezen a bolygón. Aztán egy napon, Gary elkezdett két különböző lényről beszélni, akik a Föld bolygón élnek: az emberekről és a humanoidokról. Megkérdezte: „Gyerekkorotokban, amikor ment a rádió és a TV, és az emberek beszélgettek körülöttetek, sokkal könnyebb volt megcsinálni a házi feladatot? Mi történt, minden könnyedén sikerült?". Ez pontosan én voltam.

Aztán folytatta: „A humanoidoknak gyakran mondják, hogy rosszak, amiatt ahogyan csinálják a dolgokat. Azt mondják, hogy egyszerre egy dologra kellene fókuszálniuk". Hát ez is én voltam! Ahogy Gary folytatta a beszélgetést az emberekről és a humanoidokról, rájöttem, hogy nem is vagyok rossz vagy furcsa. Csak szimplán humanoid vagyok.

A humanoidok jobban tudnak dolgozni, ha van legalább négy-öt különböző projektjük vagy üzletük, amikkel egyszerre kell foglalkozniuk. A humanoidok életében, ha egyszerre csak egy dolog történik, úgy csinálnak, mint ami halogatásnak tűnik. Ám ez valójában nem halogatás; csak az kell nekik, hogy egyszerre több minden történjen, így elkezdenek gyorsabban dolgozni. Amikor számítógépezel, tíz különböző dokumentum van egyszerre megnyitva? Ha igen, nagy eséllyel humanoid vagy. Az emberek hajlamosak lassan dolgozni. Jobban szeretnek megcsinálni egy dolgot, és csak utána belekezdeni a következőbe.

Szereted, amit csinálsz?

A humanoidok képesek rendkívül élvezni a munkájukat. Gyakran nem is számít, hogy mit csinálnak pontosan. Lázba jönnek attól, amit generálni tudnak vele. Ez a hozzáállásuk: „Mi a következő dolog?". Sokan gyakran szégyellik azt mondani, hogy szeretnek dolgozni. Nem ismerted még el, hogy valójában szeretsz dolgozni – ráadásul te az egyik olyan furcsaság vagy, aki még az üzletet is élvezi? Vagy hogy te az üzlet öröméből működsz? Vagy hogy te magad vagy az üzlet öröme? Az emberek hajlamosak a másik irányból megközelíteni a helyzetet. Olyanokat mondanak, mint: „Jaj! Még csak szerda van – még a hét fele hátra van!", vagy: „Hétfő van – még van öt napom".

Megítéled magad?

Egy másik fontos különbség az emberek és a humanoidok között az ítélkezéssel kapcsolatos. A humanoidok hajlamosak megítélni magukat. Rosszá teszik magukat azért, amit csináltak, vagy arra fókuszálnak, hogy mit csinálhattak volna jobban, akkor is, ha nagyszerű dolgokat érnek el. Magadra ismertél? Mindig úgy érzed, hogy valami baj van azzal a munkával, amit elvégeztél, vagy hogy valamit jobban, gyorsabban, szebben vagy olcsóbban csinálhattál volna? Tudod mit? Nincs semmi rossz semmiben sem, amit csináltál! Valószínűleg humanoid vagy, és a humanoidok kegyetlenül megítélik magukat.

Ezzel szemben, a legtöbb ember másokat ítél meg kegyetlenül. Ahelyett, hogy elismernék, hogy mindenkinek teljesen más kapacitása van, és más szemszögből néz egy projektre, munkára vagy üzletre, az emberek hajlamosak panaszkodni, megítélni másokat, és arról beszélni, hogy mások mit csináltak vagy mit nem csináltak. Tele van a beszélgetésük olyan véleményekkel, mint: „Így kellett volna csinálnia", vagy: „Gyorsabban is befejezhette volna". Az ő szemükben mások munkája soha nem jó.

Emberek, humanoidok és pénz

A következő különbség az emberek és humanoidok között a pénzhez való hozzáállásukban rejlik. A legtöbb ember örül annak, ha van egy fix fizetése, így tudhatja, hogy pontosan mennyi pénze lesz minden hónapban. Hajlamosak azt hinni, hogy keményen meg kell dolgozniuk a pénzükért, és gyakran nehéznek vagy örömtelennek érzik a munkájukat.

A humanoidokat általában nem érdekli annyira a pénz, és sokkal kevésbé hajlamosak arra, hogy legyen egy munkahelyük és egy átlagos fizetésük. Az üzletük vagy az életük nem a pénzről szól. Ez nem motiválja őket arra, hogy teremtsenek vagy generáljanak. Sokkal jobban szeretik az üzlet kreatív aspektusát. Ha egy kicsit is magadra ismersz, érdemes lehet kérned, hogy megjelenjen a pénz az életedben. Mi lenne, ha az a kreativitás, ami te vagy, átalakítható dollárokká a bankszámládon?

Gyakran váltogatod a munkahelyeidet vagy a szakmádat?

A legtöbb embernek rendben van, hogy fenntartja az életét pont úgy, ahogy van. Nem igazán érdekli őket, hogy bármit is megváltoztassanak, közben a humanoidok mindig valami mást keresnek. Mindig változtatni szeretnének. Ha ismersz olyat, akinek pár év alatt volt 20 különböző munkahelye, nagy eséllyel humanoid. Az emberek azt mondják nekik: „Nincs stabilitásod".

A humanoidok azt mondják: „Ezt hogy érted?". Egyszerűen szeretnének kipróbálni rengeteg különböző dolgot. Illik rád ez a leírás? Csak olyan munkát csinálsz meg, amit akarsz, gyorsan a mesterévé válsz, majd megunod, és valami másra váltasz? Inkább meghalnál, mint hogy egy helyen maradj az életed végéig? Ne próbálj egy helyen maradni! Ez teljesen szembe megy azzal, aki te vagy mint lény.

Mielőtt tudomást szereztem az emberekről és a humanoidokról, mindig rosszul éreztem magam, hogy folyton változtattam és valami mást kerestem. Ráadásul egyáltalán nem értettem, hogy néhány ember miért nem akart változtatni, és miért nem kértek többet. Az emberek és humanoidok leírás segített ezt megérteni. Abbahagytam, hogy rosszul éreztem magam azért, hogy ilyen vagyok. És sokkal inkább megértettem azokat körülöttem, akik nem akartak semmi többet.

Mit szeretnek mások tenni és mik szeretnek lenni az üzletben?

Azzal, hogy különbséget teszünk az emberek és a humanoidok között, nem megítélni szándékozzuk őket. Ez csupán arról az éberségről szól, hogy a bolygón a lényeknek két faja is él. Arról szól, hogy nagyobb könnyedséget és tisztánlátást teremtsünk neked az üzletedről és az életedről. Az emberek és humanoidok közti különbség megértése éberséget adott nekem arról, hogy ki mit szeret csinálni, és milyen pozícióban szeret lenni egy üzletben. Ezen felül adott nekem egy rálátást, könnyedséget és éberséget arról, hogy hogyan bánjak a különböző személyekkel. Remélem ez az információ megadja neked is ugyanezt, és bátorít arra, hogy abbahagyd az ítélkezést önmagad felett.

Mi van, ha soha nem voltál rossz?
Mi lenne, ha abbahagynád az ítélkezést önmagad felett?
Hogy nézne ki az életed és az üzleted?
Több vagy kevesebb pénzt teremtenél?

Hetedik fejezet

Milliónyi teendő elvégzése könnyedén: Kövesd az energiát!

Nemrég beszélgettem egy hölggyel, akinek sokféle érdeklődési köre és üzlete van, és azon tűnődött, hogy tudna mindent kézben tartani, amire figyelnie kell.

Sokaknak nehézséget okoz koordinálni a különböző részeit az üzleti vállalkozásuknak vagy az életüknek, és attól félnek, hogy nem tudnak lépést tartani mindennel. Ez olyan mintha rólad szólna? Ellentétben azzal, amit gondolnál, nem a szuper-rendszerezettség a megoldás. Ez az ahol az energiát kell követni, és a végtelen teredből kell működnöd.

Próbáld ki ezt a gyakorlatot:

Csukd be a szemed egy pillanatra és terjedj ki, érzékeld a külső határaidat. Terjeszkedj ki a tested külső határáig, és csak folytasd. Terjedj ki még annál is tovább. Már érzed a külső határaidat? Vagy csak mész és mész egyre kijjebb? Amikor ilyen módon kiterjedsz, akkor a bolygó bármely pontjára, az egész bolygóra éber lehetsz. Amikor összehúzódsz, akkor általában csak két, három vagy négy emberre vagy éber. Ha azt veszed észre, hogy nem vagy éber az egész bolygóra, gyakorold az éberséged kiterjesztését. Ez olyan mint egy izom, gyakorlással fejleszteni tudod. Gyakorold!

Ahogy gyakorlod az univerzumba való kiterjedést, észre fogod venni, hogy könnyebben tudsz önmagad végtelen teréből működni. Ez lehetővé teszi, hogy sokkal éberebb legyél a világra. Bárhova is kezdesz el figyelni, érzékelni tudod az energiáját annak, ami történik ott, és amikor valami egy irányba húzza a figyelmedet, akkor ráfókuszálsz, és tudod, hogy mit kell tenned.

Amikor 30 különböző projekted fut párhuzamosan, nem feltétlenül jelenti azt, hogy mindegyiken kell dolgoznod minden nap. Ez annyit jelent, hogy mindegyikre éber vagy. Nem zárod ki őket az éberségedből. Ez arról szól, hogy hajlandó legyél éber lenni arra, hogy tudjad, hogy mikor foglalkozz valamivel, vagy hogy mikor kérj segítséget valakitől. Ez visszavezet ahhoz a javaslathoz, hogy tegyél fel kérdéseket, és engedd meg, hogy az univerzum támogasson. (Emlékezz arra, hogy az univerzum örökre az alkalmazottad lett.)

Kövesd az energiát!

Az energia követése arról szól, hogy befogadd azt az energiát, amiről tudod, hogy az üzleted és az életed lehet, és követni bármit, ami felbukkan és illik az energiához. Amikor követed annak az energiáját, amiről tudod, hogy lehetséges, akkor nem a megszokás a kapcsolódásaid forrása. A végtelen érzékelés, tudás, létezés és befogadásból működsz. A lehetőségek túl vannak azon, amit a logikus elméd tud, túl vannak az időn, a dimenziókon, a realitáson és az anyagon. Felteszed a kérdést, és fogalmad sincs, hogy hogyan fog kinézni a válasz, vagy hogy mit fognak kérni, hogy csinálj vagy legyél; készen állsz, hogy bármi legyél, és hogy ez alapján cselekedj. Amikor követed az energiát, sosem tudod, hogy mi fog felbukkanni. Ahogy Dr Dain Heer barátom mondani szokta: „Sosem úgy néz ki mint ahogy elképzeled". Tehát soha nem szabad következtetésbe menned.

Az üzleted energiájának a követése

Amikor irodám volt, minden nap bementem dolgozni, de voltak napok, amikor nem akartunk dolgozni az üzletemmel. Gyorsan megtanultam, hogy azokon a napokon valami mást csináljak. Elmentem moziba, ebédelni, úszni, vagy valamit bármi olyat csinálni, ami örömteli volt számomra. Azt csináltam, amire vágytam, mert tudtam, hogy nem lettem volna produktív, ha az irodában maradok. Más napokon jóval éjfél utánig dolgoztam, és egy hétre való munkát végeztem el négy-öt óra alatt. Ne vedd be senki másnak a nézőpontját arról, hogy mire van szüksége az üzletednek. Nem engedheted meg magadnak. Pontosan tudod, hogy mire van szükség.

Amikor dolgozom, az a vágyam, hogy generáljak. Nem nézem, hogy mennyi időt dolgozok. Ez néha érdekes szituációkat teremt. A Good Vibes cégemben egyszer egy logisztikai céggel dolgoztunk, és amikor meglátták, hogy milyen összevissza órákban dolgozunk, azt mondták, hogy úgy kell látszódnia, mintha szokásos kilenctől ötig időszakban dolgoznánk. Erre egymásra néztünk: „Mi van?", mert előfordult szombat este kilenckor is, hogy felhívtunk valakit. Volt, hogy vasárnap délután küldtünk ki emaileket. Ezt mondták nekünk: „Mentsétek el az emailjeiteket és küldjétek ki hétfő reggel. Erre mi: „Mi van?". Valaki egyszer Amerikában ezt mondta az üzlettársamnak: „Simone tegnap, vasárnap hívott fel. Nem hiszem, hogy tudatában volt annak, hogy itt vasárnap van". Az üzlettársam mosolygott és ezt mondta: „Simone-nak valószínűleg fogalma sem volt arról, hogy vasárnap van, mivel neki minden nap munkanap, és minden nap szabadnap. Az üzlet öröme pont az energia követéséről szól, és arról, hogy úgy és akkor csinálja a dolgokat, amikor és ahogyan neki működik".

Mi lenne, ha minden nap teljesen újként teremtenéd meg az üzletedet és az életedet?

Évekkel ezelőtt, amikor a világ körül utazgattam, minden nap új emberekkel találkoztam, ahogy egyik helyről a másikra mentem. Ezáltal rájöttem, hogy akár minden nap teljesen újként teremthetem az életemet. Nem voltak elvárások, amiknek meg kellett felelnem, sem kötelezettségek, amiket teljesítenem kellett volna. Az lehettem, aki csak akartam lenni. Azt tehettem, amit csak akartam. Semmi nem volt jelentőségteli. Minden nap másnak teremthettem magamat. Minden nap egy kaland volt.

Amikor reggel felébredtem, fogalmam sem volt, hogy aznap este hol leszek. Sosem tudtam, hogy hol fogok enni, hol fogom álomra hajtani a fejem, kivel fogok találkozni aznap, vagy hogy fog alakulni bármi.

Miért is ne választanánk ugyanezt a kalandot az üzletünkben és az életünkben minden nap? Mi lenne, ha minden nap úgy ébrednél: „Mit szeretnék, hogy nézzen ki az üzletem ma?". Mi lenne, ha az üzletedet és az életedet újonnan teremtenéd minden nap? Mi lenne, ha követnéd az energiát és önmagad végtelen teréből működnél?

Mi a végtelen tér?
Az a tér, amit a valóságodban teremtesz, ahol nincsenek következtetések, nincsenek korlátozások, nincsenek elvárások, csak kérdés, megkövetelés és választás.

Nyolcadik fejezet

Nem vagy egyenlő az üzleteddel

Egyszer sétáltam Sydney-ben és valaki azt mondta: „Oh, itt jön a Good Vibesos nő!". Ezt először viccesnek találtam. Aztán egy kicsit elgondolkodtam rajta, és rájöttem, hogy annyira azonosítottam magam az üzletemmel, hogy már nem is tudtam, hogy ki vagyok, ha nem a Good Vibesról van szó. Azt gondoltam, egyenlő vagyok az üzletemmel. Most már tudom, hogy ez nem igaz. Az üzletemben önmagában egy egyedi entitás. Egy olyan dolog, amit én facilitálok. Minden nap hozzájárulás vagyok a számára, megengedem neki, hogy hozzájárulás legyen nekem, de ez nem jelenti azt, hogy én vagyok az üzletem. Ha megengedtem volna magamnak, hogy a „Good Vibesos nő" identitásában maradjak, akkor soha nem lettem volna képes befogadni azt a lehetőséget, hogy az Access

Consciousnessnek dolgozzak. Lezártam volna minden más lehetőséget, hogy ezt az identitást fenntartsam.

Ha azonosulsz az üzleteddel, és azt hiszed, egyenlő veled, megpróbálod úgy vezetni a dolgokat, ahogyan azoknak menni kellene, és közben észrevétlenül korlátozod, hogy mi lehetséges. Ha egyenlőnek látod magad az üzleteddel, azt is jelenti, hogy ha az üzlet elbukik, neked is el kell buknod, vagy erőszakkal kell életben tartanod ahelyett, hogy egyszerűen meglenne az éberséged és azt mondanád: „Oké, ez mókás volt. Most itt az idő továbblépni!". Ez olyan, mintha erőszakkal akarnál létrehozni egy kapcsolatot. Ezt mindannyian kipróbáltuk – és megtanultuk, hogy nem működik. Ha itt az idő elengedni, akkor itt az idő elengedni.

Mindennek van tudatossága, az üzletednek is. Egy üzletnek van egy módja, ahogyan fejlődni szeretne, és amikor ezt befogadod és megengeded neki, sokkal sikeresebb tud lenni. Én mindig megkérdezem az üzletemtől, hogy mit szeretne csinálni, hol szeretne lenni, kivel szeretne találkozni, kit szeretne, hogy belefollyon a dolgokba. Lehet, hogy nem lesz kognitív válaszod ezekre a kérdésekre; ez rendben van. Ez arról szól, hogy felteszed a kérdéseket, és megengeded az energiának, hogy megjelenjen és elvezessen a következő lépés felé. Az egyetlen dolgod, hogy legyél hajlandó befogadni és választani.

Tegyél fel kérdéseket az üzletednek, és információval fog ellátni. Ha kéred, az üzleted meg fogja teremteni és generálni fogja az energiát, ami bevonzza a vásárlókat, üzleti ajánlatokat, vagy bármit, amire épp szükség van.

Van rengeteg különböző kérdés, amit feltehetsz az üzletednek, projektednek vagy cégednek:

+ Milyen hozzájárulás lehetek ma neked?

+ Mit szeretnél legközelebb teremteni?
+ Mit szeretnél csinálni?
+ Mi szeretnél ma lenni?
+ Hol szeretnél ma lenni?
+ Kivel szeretnél beszélni?
+ Kit szeretnél, hogy belefollyon a dolgokba?

Ha éber vagy arra, hogy az üzleted egy önálló entitás, sokkal könnyebbé teszi az életedet üzletemberként – és sokkal szórakoztatóbbá válnak a dolgok. Kemény munka üzletnek lenni. Sokkal keményebben kell dolgoznod, ha egyenlővé próbálod tenni magad az üzleteddel!

Egyszer észrevettem, hogy sokkal kiterjedtebb voltam az Access Consciousness világkoordinátoraként végzett munkámban, mint a Good Vibes for Youval végzett munkám során. Aztán egy napon, beszélgettem Garyvel, és megkérdeztem: „Miért van az, hogy amikor az Access-szel dolgozom, sokkal több terem és éberségem van? Látom az egész világot, és még azon is túl, és tudom, hogy mit csináljak és kivel beszéljek. Úgy látom a Good Vibesszal ez nem ennyire egyszerű."

Gary azt mondta: „Azért, mert a Good Vibes tulajdonosa vagy."

Rájöttem, hogy igaza van, úgyhogy újraterveztem a Good Vibes for Yous névjegykártyáimat. Most már ez van ráírva: „Simone Milasas, világkoordinátor", és nem: „Simone Milasas, tulajdonos". Ez segít emlékezni, hogy nem vagyok egyenlő a Good Vibesszal. Nem vagyok a Good Vibes tulajdonosa. Koordinálom a Good Vibes for You világszintű üzletét.

Az, hogy ezt megtettem, segített, hogy egy sokkal kiterjedtebb térből működtessem a dolgokat.

Beszéltem erről egy nagyon tehetséges nővel, aki zenész és színésznő. Azt mondta: „Ez lehengerlő számomra. Imádok színészkedni és zenélni, de visszautasítottam ezeket a dolgokat, mert nem akartam, hogy definiáljanak". Azt gondoltam: „Ha ezt a dolgot csinálom, akkor semmi mást nem csinálhatok, mert akkor ez vagyok én. Ez vagyok én". Nem akarom ilyen módon korlátozni magam. Most már rájöttem, hogy csinálhatom mindezeket a dolgokat úgy is, hogy nem azonosítom velük magam.

Mindegy, hogy mi az üzleted, nem egyenlő veled. Ha definiálod magad az üzletedként, korlátozod, hogy mennyi minden lehetsz, mit tehetsz, teremthetsz és generálhatsz. Elvágod az éberséged és a képességed attól, hogy befogadd a végtelen lehetőségeket. Ám, ha észreveszed, hogy az üzleted egy önálló entitás, és magadat ennek a facilitátoraként látod, sokkal több lesz a szabadságod és a tered. Nem leszel érdekelt abban, hogy ez a kifejezett entitás sikeres legyen, így sokkal több információt befogadhatsz arról, hogy mi lehetséges.

Adj munkát az üzletednek

Ahogy felismered, hogy az üzleted önálló entitás, adhatsz neki munkát. Tudasd vele, hogy az a munkája, hogy pénzt csináljon neked. Kérd meg, hogy generáljon pénzáramlást. Azt fogja mondani: „Oh! Csináljak neked pénzt? Oké!". Amikor a Good Vibesről, a Joy of Businessről vagy az Access Consciousnessről beszélek, gyakran így említem őket: „az egyik üzlet, amiből pénzt keresek". Ezzel emlékeztetem őket, hogy a pénz csinálás a munkájuk.

Csinálj kérdést a következtetéseidből

Állj meg egy pillanatra, és nézz rá minden helyre, ahol következtetéseket hoztál az üzletedről. Valahányszor belemész abba, hogy: „Ez nem működik" vagy „Ez nem működhet" vagy bármi más következtetésbe, kinyírod az éberséget. Helyette, kérdezd meg az üzletedtől: „Milyen kérdést tehetnék fel?". Mondjuk van egy farmod, és eldöntötted, hogy nem sikeres. Próbáld meg megkérdezni a farmot:

+ Mit igényelsz?
+ Van valami, aminek meg kell változnia?
+ Meg tudjuk változtatni?
+ Hogyan változtatjuk meg?

Lehet, hogy kukoricát próbálsz termelni, de a farm inkább almát szeretne termeszteni. Mire éber a földterület? Hamarosan száraz időszak jön? Mást kellene termesztened? Mindennek van tudatossága, úgyhogy mindenhonnan kérhetsz információt. Mi lenne, ha teremthetnéd és generálhatnád az üzletedet így ahelyett, hogy mindent ki kéne találnod?

Amikor kérdéseket teszel fel az üzletednek, nem lehet nézőpontod arról, hogy mi legyen a válasz. Hajlandónak kell lenned befogadnod az energiát, amit bárki – beleértve az üzletedet is – küld neked. Minden nézőpontot ítélkezés nélkül fogadsz be. Megkérdezed: „Mit szeretnék?", majd belépsz az üzletedbe vagy projektedbe és megkérdezed: „Mit igényelsz?" Aztán hozol egy választást. És hozhatsz egy újabb választást,

és még egyet, mert minden egyes választás lehet csupán tíz
másodpercig érvényes. A választás mindig több éberséget
teremt.

Mindennek van tudatossága, az üzletednek is.
A választás teremti az éberséget, az éberség nem
teremt választást.

Dr Dain Heer

Kilencedik fejezet

Célkitűzések és célirányok
Neked mi a siker?

Neked mi a siker? A legtöbb ember számára a siker pénzben fejeződik ki. Arról szól, hogy mennyi pénz van a bankszámlán, vagy hogy milyen számok vannak az eredménykimutatáson. Mi van akkor, ha az üzleti siker valami másról szól? Mi van akkor, ha nem csak a profitról szól? Mi van akkor, ha van egy nagyobb cél(irány) az üzleted és saját magad számára? És mi van, ha a pénz (magától) megjelenik, amikor azt az energiát generálod és teremted, amiről tudod, hogy lehetséges az üzleteddel? Tudod mit? Ez történik!

Számomra az üzlet arról szól, hogy megváltoztassuk a világot. Én csak egy ember vagyok Ausztráliából, aki jobbá szeretné tenni a világot. Ha eldöntöttem volna, hogy ez nem lehetséges, akkor nem írnám le ezeket a szavakat, és nem facilitálnék Joy of Business (Üzlet Öröme) kurzusokat.

Ha csak egyvalaki – azért, mert elolvasta ezt a könyvet, vagy mert részt vett egy kurzusomon – egy kicsit is változik az alapján, amit mondtam, akkor sikeres vagyok.

És te? Amikor rápillantasz arra, hogy mit jelent számodra a siker akkor lehet, hogy a célkitűzéseiden kezdesz el gondolkodni. Mielőtt ezt tennéd, arra invitállak, hogy nézz rá, hogy mi a különbség a célkitűzés és a célirány között. A célirány örökké mozgásban van. Ez valami olyan, amihez folyamatosan igazodhatsz akkor is, ha a dolgok változnak. A célkitűzés viszont valami olyan, amit meghatározol. Egy célkitűzés merevebb, szilárdabb. Ehhez kapcsolódnak elvárások, ami szinte mindig csalódáshoz és ítélkezéshez vezet. És mindezek mellett a célkitűzés véges, meghatározott, míg a célirány végtelen, meg nem határozott.

Annak az energiája, hogy beirányzol egy célt más, könnyedebb, ahhoz képest, hogy egy célkitűzés elérése a szándékod. A célirány inkább olyan, mint egy börtön. (A ford. megjegyzése: Angolul a célra 2 szót is használnak a ‚target' és ‚goal' szavakat. Az ‚target' szót céliránynak, míg a ‚goal'-t célkitűzésként használjuk a magyar nyelvű szövegben. A ‚goal' szó a ‚gaol' szóhoz áll közel, ami börtönt jelent angolul.) Ha nem éred el a célkitűzésedet, akkor ítélkezni fogsz magadon. Ha pedig mégis eléred, befejezésként vagy végcélként fogod látni. És onnan hogyan tovább? Akármi is történik, bezárod magad.

Mi a célirányod?

Amikor egy barátomat megkérdeztem arról, hogy milyen célirányt szeretne létrehozni az üzletében, azt mondta: „Nincsen célirányom, csak szeretnénk egy borászatot nyitni".

Azt feleltem neki: „Ha felteszel egy kérdést a célirányodra való éberség meg fog jelenni", és elkezdtem kérdéseket feltenni neki. Megkérdeztem: „Milyen hatást szeretnél elérni a borászatoddal a világra és az emberekre? Kinek készítenéd a bort?".

Azt felelte: „Azt az intimitást szeretem a borban, amit létre tud hozni az emberek között".

Erre én: „Nagyszerű. Íme itt az egyik célirányod". Aztán tovább kérdeztem: „Milyen más energia bukkan fel számodra a borászat létrehozásával kapcsolatban?".

Azt mondta: „Ez egy meghívás az emberek számára, hogy jól érezzék magukat, élvezzék a bort, és hogy belekóstoljanak az élet eleganciájába és dekadenciájába. Arról szól, hogy többel rendelkezzenek mint amire vágynak, többel mint amit ez a valóság megengedne. Egy hedonista dolog. És ott van a Földdel való munkának és játéknak energiája is".

Erre én azt mondtam neki: „Remek, szeretnél eleganciát, dekadenciát és intimitást az életedben és az üzletedben, és tudod, hogy szeretsz a Földdel dolgozni és játszani".

Végül ő: „Igen, szeretnék a Föld szolgálatára lenni".

Ez egy jó kezdet volt, hogy megállapítsuk a célirányokat, hogy ez alapján tudja generálni az üzletét, mivel ahogyan már említettem, a célirányok örökké változnak.

Egy Access Consciousness facilitátor ismerősöm éberséget és tudatosságot szeretne létrehozni a bolygón. Ez az ő céliránya. Bebörtönzött férfiakkal dolgozik annak ellenére, hogy nem kap érte fizetést. Azt mondta: „Könnyed, örömteli és bulis számomra. Nagyon sok új dolgot hoz az életebe". Azáltal, hogy minden héten ezekkel a bebörtönzött férfiakkal dolgozik, univerzumokat nyit meg, több éberségre és tudatosságra.

Amikor tudod, hogy mi a célirányod és felismered azt az energiát, ami a célirányodhoz tartozik, akkor meg tudod hívni azt az energiát az életedbe. Amikor valami megjelenik, ami illik ahhoz az energiához, válaszd azt a dolgot. Nem számít, hogy ez azt jelenti, hogy pénz jön az üzletedbe, vagy valaki csatlakozik az üzletedhez, vagy valaki kilép az üzletedből, vagy teljesen megváltozik a terméked vagy a szolgáltatásod.

Az én célirányom nagyon régóta az volt, hogy arra inspiráljam az embereket, hogy másképpen lássák meg a világot. Nem tudtam, hogy ez hogy fog kinézni, mégis elkezdtem ezt az energiát meghívni az életembe. Elkezdtem a Good Vibes for Yout, majd találkoztam Gary Douglasszel, aki által megismertem az Access Consciousnesst.

Amikor azt fontolgattam, hogy elmenjek-e az első nagy Access Consciousness tanfolyamomra San Franciscoba Garyvel, elég sok adósságom volt. Nem voltam biztos benne, hogy ez a helyes lépés, ezért beszéltem édesapámmal, aki a könyvelőm volt akkoriban. Az édesapám azt mondta: „Az utazás 10 ezer dollárodba fog kerülni, ha mindent beleszámolunk. Ez elég sok pénz, mégis azt gondolom, hogy el kell menned, hogy meglásd, hogy valóban ez-e az a dolog, amit az életeddel szeretnél kezdeni". A saját módján, azt tanácsolta nekem, hogy kövessem az energiát, és hogy ne arra alapozzam a döntésemet, hogy mennyibe kerülne az út, hanem arra, hogy milyen életet szeretnék magamnak. Ezért nagyon hálás vagyok neki.

Egymillió igazolást találhattam volna, hogy miért ne menjek. Azt is mondhattam volna: „Ó, nagyon szeretnék menni, de nincs rá pénzem. Nem tehetem meg", és ez megölte volna a jövőbeli lehetőségeket és mindent, ami ma az életem. Ehelyett követtem azt, ami ahhoz az energiához passzolt, ahol lenni akartam, függetlenül attól, hogy az hogy nézett ki, és ez több tudatosságot generált a bolygón, ami visszavezet az eredeti céliranyomhoz. Mi más lehetséges?

Mennyi jövőbeli lehetőséget zártál le? Hajlandó lennél elpusztítani és nem teremtetté tenni mindent, ami ez, isten tudja hányszorosan? Helyes és helytelen, jó és rossz, POD és POC, mind a 9, rövidek, fiúk és túlontúl.

Mi a céliranyod? Mi az, amit teremteni, generálni és intézményesítenél szeretnél?

Mindenhol, ahol nem voltál hajlandó érzékelni, tudni és befogadni azt, ami összhangban van a célirányoddal, azt elpusztítanád és nem teremtetté tennéd, isten tudja hányszorosan? Helyes és helytelen, jó és rossz, POD és POC, mind a 9, rövidek, fiúk és túlontúl.

Használj kérdéseket, hogy generálj egy célirányt a profitodnak

Meghatározhatsz profit célirányokat az üzleted számára. Egyszer beszéltem egy tejtermelővel, aki a következőket mondta nekem: „Úgy döntöttünk, hogy egy bizonyos számú tehenünk lesz, és ezek egy bizonyos mennyiségű tejet fognak adni, ami egy meghatározott mértékű profitot hoz. Azt választjuk, hogy nem növeljük a teheneink számát, de szeretnénk növelni a profitunkat. Hogyan tudjuk ezt megtenni?".

Megkérdeztem tőle: „Több információra van szükséged?".

Erre ő: „Nem".

Viccesen a következőket mondtam: „Hát, feltehetnéd azt a kérdést, hogy: 'Mi kéne ahhoz, hogy varázslatos teheneink legyenek, és négyszer annyi tejet adjanak?'. Talán ez is megtörténne, de én azt javaslom, hogy légy éber arra, hogy mi van most, és nézz rá a megnövelt profitlehetőségre abból az álláspontból, hogy valójában mennyi tejet adnak a tehenek. Aztán tegyél fel egy kérdést, mint például: 'Mi mást kell csinálnunk, vagy hozzáadnunk az üzlethez, hogy a profit célirányunkat generáljuk?' Lehet, hogy el kell menned egy Access

Consciousness tanfolyamra, vagy lehet, hogy több tehenet kell szerezned. Ha hajlandó vagy arra, hogy nagyobb legyen az éberséged, akkor megvan a lehetőség arra, hogy többet generálj. Lehet, hogy egy másik farmot is menedzselned kell. Nem kell, hogy a tulajdonosa legyél, elég, ha menedzseled és a tej mennyiséged megkétszereződhet. Felteheted a kérdést: 'Ha ezt meg tudtuk csinálni egy farmmal, hánnyal tudnánk ezt még megcsinálni?'. Vagy felteheted ezt: 'Hogyan korlátozom magamat a csordával, amivel most rendelkezem?'. Mi más lehetséges?".

A beszélgetésünk óta kiszélesítették a termékpalettájukat, és nemrégiben elkezdtek árulni egy nagyon finom, kiváló minőségű krémet, ami nagyon népszerű lett, és nagyon jó eladásokat produkálnak.

Amikor beállítod a célirányodat, akkor valami olyanra kell tekintened, ami túl van az eddigi elképzeléseiden. Készen kell állj arra, hogy kilépj a megszokottból és cselekedj, különben nem fogsz túllépni azon, ahol jelenleg vagy. Túl kell lépned az idő, a dimenziók, a valóság és az anyag sémáján. Azt kell mondanod: „Ma más leszek. És holnap ismét más leszek".

Ne hagyd, hogy a célirányod döntéssé alakuljon

Nagyon szeretek célirányokat kijelölni és arra is éber vagyok, hogy ezek miként tudnak korlátozni engem. A célirányok döntésekké válhatnak és amik beragadnak. Vagy elkezdhetsz ragaszkodni a végeredményhez. Amint valami olyan nem könnyed és örömteli, mint amikor az elején választottam, akkor tudom, hogy ez egy döntéssé vált.

Amikor először elkezdtem az Access Consciousness eszközökkel facilitálni, ragaszkodtam a kimenetelhez. A személyes konzultációm során, ha nem „vették a lapot", akkor teljesen összetörtem. Ez határozottan nem az üzlet öröme volt. Azóta megváltoztattam a hozzáállásomat. Tisztában vagyok azzal, hogy az, akivel dolgozom, lehet hogy csak egy apró eszközt visz magával, és lehet, hogy az az egy apró eszköz elképzelhetetlen módon kitágítja a világát. Egy hét múlva lehet, hogy valami, amit mondtam, hirtelen leesik neki. A változás sok különböző módon jelenik meg. Nem szabad ragaszkodnod az eredményéhez annak, amit csinálsz, mert igazán soha nem tudod, hogy mi lesz az eredmény.

Például lehet, hogy azt tervezed, hogy tartasz egy kurzust. Mindent megtettél, hogy elhíreszteld és x számú résztvevő a célirányod. Nagyszerű, hogy van egy célirányod, majd ezt el kell engedned. Mi van, ha csak egy valaki jelenik meg? Sosem tudhatod, hogy azzal az 1 emberrel mit változtatsz meg. Ez megtörtént már velem is. Évekkel ezelőtt én voltam az egyetlen, aki megjelent egy Access Consciousnessről szóló bevezető kurzuson. Ott ültem és hallgattam, amit a fickó előadását és azt gondoltam magamban: „Ez a fickó őrült". De amikor másnap reggel felébredtem, tudtam, hogy valami nagyon más. Felhívtam és megkérdeztem: „Mit csináltál velem? Más vagyok". Ez volt az eleje annak, hogy az életem egy új irányt vett.

Tegyük fel, hogy egy kiállításra mész, és a célirányod, hogy annyi emberrel vegyed fel a kapcsolatot, amennyivel csak tudod. A sikeredet azon fogod lemérni, hogy hány nevet és telefonszámot gyűjtöttél be. Lehet, hogy a siker valami más.

Mi lenne, ha valahogyan megváltoztatnád a jegyszedő életét csupán azzal, hogy önmagad vagy?

Képzeld el, hogy mit tennél, ha tudnád, hogy nem tudsz elbukni?

Néha az emberek azért fogják vissza magukat abban, hogy a céljaik után menjenek, mert túlságosan félnek a kudarctól. Egyébként is mi a kudarc? Gyerünk, próbáld meg meghatározni. Valójában el tudsz-e valaha bukni? Vagy arról van szó, hogy valami olyat generálsz, ami nem úgy néz ki mint ahogyan azt elképzelted? Hogyan lesz ebből „bukás"? A célirányok folyamatosan mozgásban vannak, folyamatosan változnak.

Mindenhol, ahol nem voltál hajlandó abból működni, hogy „képzeld el, hogy mit tennél, ha tudnád, hogy nem tudsz elbukni", elpusztítanád és nem teremtetté tennéd, isten tudja hányszorosan? Helyes és helytelen, jó és rossz, POD és POC, mind a 9, rövidek, fiúk és túlontúl.

Tizedik fejezet

Légy hajlandó változtatni
Narancsfák vagy citromfák?

Gyakran találkozom emberekkel, akik kikövetkeztetik, hogy milyen *lesz* az üzletük ahelyett, hogy arra tennének fel kérdéseket, hogy mi *lehetne*. Hadd mondjak egy példát. Tegyük fel, hogy valakik eldöntik, hogy egy narancslé gyárat hoznak létre. Lehet, hogy megkérdezik: „Mire van szükségünk?". Narancsfákra. Oké! Vásárolnak egy rakat narancsfát, és elültetik őket. Elkezdenek növekedni a fák, és az újdonsült vállalkozók izgatottan várják, hogy milyen finom narancslevet fognak majd készíteni. Kikövetkeztetik: „Mi fogjuk eladni az ország legjobb narancslevét", és elkezdenek mindent a helyére tenni, hogy a cégük sikeres lehessen. A fák továbbra is növekednek, és gondosan törődnek velük. Öntözik és trágyázzák a fákat.

Egy nap megjelenik egy virág. Nagyon izgatottak lesznek: „Nemsokára lesz narancsunk!". Aztán megjelenik a gyümölcs. De nem narancs – citrom.

Ha a végtelen lehetőségekből élnek, ilyen lehet: „Oh! Citrom! Mi a helyes ebben, amit nem veszünk észre? Milyen üzletet hozhatunk létre citromokkal? Csinálhatunk limonádék – vagy akár citromtortákat".

A legtöbben nem ezt a megközelítést választanák. Azt mondanák: „Oh ne! Ez nem jött össze", és kivágnák a fákat. Elpusztítanának valamit, amit az univerzum ajándékozott nekik, mert az ajándék nem úgy néz ki, ahogyan gondolták, hogy ki kéne néznie. Ennek nem kell így lennie. Az üzletek és cégek képesek egyik pillanatról a másikra megváltozni, ha hajlandó vagy megváltoztatni őket. Valójában az egész életed megváltozhat ilyen gyorsan; csupán meg kell engedned, hogy minden lehetséges legyen.

Kérdés, megkövetelés, választás és hozzájárulás

A négy elem, hogy változást hozz létre az életedben és az üzletedben a kérdés, megkövetelés, választás és a hozzájárulás. Felteszel egy kérdést, ami megnyitja az ajtókat a nagyszerűbb lehetőségek irányába. Hozol egy megkövetelést, hogy mire vágysz és mit igényelsz, ami megteremti a generatív energiát, ami ahhoz szükséges, hogy valami létrehozz. És hozol egy választást. 10 másodpercenként választhatsz, tudván, hogy egy választásod sincs kőbe vésve. Választasz valamit, lesz egy új éberséged, majd újra választasz. Ha hozol egy választást, éberséget ad arról, hogy mi lehetséges. Ebben minden hozzájárulás; hozzájárulás a te és az üzleted lehetőségeihez.

Hajlandó vagy változtatni?

Kevés ember képes létrehozni egy vállalatot és az igazgatójává válni. Gyakran az alapító, aki igazgatói pozícióban van, beleragad az eredeti víziójába az üzletéről, és nem hajlandó megváltoztatni. Ez azért van, mert a legtöbb alapító hajlamos rengeteg nézőpontot és következtetést létrehozni, amikor elkezdenek vállalkozni, így nem képesek meglátni a jelenlegi és jövőbeli lehetőségeket. Fix nézőpontjaik vannak arról, hogy milyennek kell az üzletnek kinéznie, és ezek a nézőpontok akadályként jelennek meg az üzletben. Ha jön valaki egy nagyszerű ajánlattal, az alapító nem képes ezt meglátni vagy elismerni. Nem akar megváltoztatni semmit, akkor sem, ha pont erre a változásra lenne szükség. Így végül kinyírják az üzletet.

Majdnem én is ezt csináltam a Good Vibes for Youval. Az volt a célirányom ezzel az üzlettel, hogy megváltoztatom azt, ahogyan az emberek látják a világot, és ahogy megismerkedtem Gary Douglasszel és elkezdtem használni az Access Consciousness eszközeit, tudtam, hogy amit az Access nyújt, teljesen igazodik a célirányomhoz a Good Vibes for Youval. Egy idő után teljes munkaidőben az Access Consciousness-szel akartam foglalkozni. Azt hittem, hogy ehhez abba kell hagynom a Good Vibes for Yout.

Gary észrevette, hogy mit csinálok, és megkérdezte: „Miért kell abbahagynod a Good Vibest?".

Azt mondtam: „Mert most már az Access Consciousness-szel szeretnék foglalkozni". (Látjátok, hogy micsoda kérdés ez? Ja, nem. Teljes következtetés.)

Azt kérdezte: „Miért ne csinálhatnád mindkettőt? Megváltozhatna a Good Vibes? Vagy behozhatnál még valakit az üzletbe?".

Ezek a kérdések megváltoztatták az életemet. Előtte az volt a nézőpontom, hogy csak egy cégem lehet. Arra neveltek, hogy azt higgyem, hogy egy cég elég egy embernek. Azóta már rájöttem, hogy nekem nem elég egy cég. A Garyvel való beszélgetésem után rájöttem, hogy az üzlet elpusztítása nem az egyetlen lehetőség ilyenkor. Meg is lehet változtatni! Felvettem egy üzletvezetőt, nekiadtam a bevételek 50%-át, és elkezdte ő vezetni. Ez lehetőséget biztosított arra, hogy dolgozhassak az Access Consciousnessnek úgy, ahogy szeretnék, és közben a Good Vibes for Yout is fenntartsam.

Hányszor kezdtél el narancsfákat termeszteni úgy, hogy utána kiderült, hogy citromfák? Próbáltál újra és újra narancsfákat termeszteni (mert imádod a narancslevet), és visszautasítottad, hogy megengedd valami másnak, hogy megjelenjen?

Állj ki a saját utadból

Állj ki annak az útjából, amit eldöntöttél az üzletedről, cégedről vagy projektedről, hogy lennie *kellene*, és tegyél fel több kérdést. Hajlandó kell lenned megengedni az üzletednek, hogy elmenjen. Hajlandó kell lenned megengedni minden egyes projektnek, amin dolgozol, hogy véget érjen. Ámde, nem szükséges elpusztítanod egy olyan üzletet, ami valami mást igényel tőled! Nem ez az egyetlen opciód. Ahelyett, hogy eldöntenéd a cégedről vagy projektedről, hogy meghalt, vagy hogy már nem kívánod folytatni, tegyél fel kérdéseket:

+ Ki vagy mi lehet ehhez hozzájárulás?
+ Mi mást adhatok az üzletemhez?
+ Mi mást adhatok az életemhez?

Üzleti terv és költségvetés

Amikor arról beszélek, hogy légy nyitott a változásra, nem azt próbálom sugallni, hogy nem készíthetsz terveket az üzletednek. Szabad tervezni. Viszont érdemes emlékezni arra is, hogy általában kb. semmi nem úgy jelenik végül meg, ahogyan számítasz rá. Ezt tartsd az eszedben, amikor befektetési tervekbe kezdesz, vagy költségvetést csinálsz.

Ha befektetők számára készítesz költségvetést, tedd ezt „érdekes nézőpont"-ból. Muszáj tartanod magad a költségvetéshez? Nem. Légy hajlandó megengedni neki, hogy változzon. Nagyobb éberséget ad ez neked. Valamint lesz valami a kezedben, amit megmutathatsz olyan befektetőknek, akiknek szeretnél vonzó lenni. Megmutathatod neki, hogy milyen irányokból indulsz neki a dolgoknak, hol szeretnél pénzt költeni, és hogy szeretnéd, hogy ez kinézzen.

Ha van egy üzleti terved, csábító lehet azt gondolni, hogy mindennek, ami történni fog, igazodni kell ehhez a tervhez. Ha a citromfák nem részei a tervednek, előfordulhat, hogy még azelőtt kivágod őket, hogy megfontolnád a lehetőségeidet. Nem vagyok az üzleti tervek megírása ellen; csak tudom, hogy ezek nem kőbe vésett dolgok. Változhat a terv? Teljes mértékben. Egy másodperc alatt megváltozhat, és ezt meg kell tudnod engedni. Éberségért készíts üzleti tervet – ne következtetésként.

Nem tarthatod az üzletedet egy helyen. Meg kell engedned, hogy generálja magát. Ez olyan, mint amikor műveled a kertet. Amikor ültetsz, hozol egy választást. Elültetsz valamit, és ha nem jön össze, elültetsz valami mást. Soha nem mondhatod, hogy: „Ez tökéletes lesz", mert egy kert soha nem az. Mindig növekszik és változik. Megengeded, hogy változzon, és facilitálod. Nem kontrollálod a kertet.

Ez arról a nagyobb szintű éberségről szól, amid lehet, és a lehetőségekről, hogy valamit azonnal megváltoztass. Ha az „érdekes nézőpont"-ban maradsz a pénzügyekkel, tervekkel és kivetítésekkel kapcsolatban, megengeded a varázslatnak, hogy megjelenjen.

Mi van, ha a varázslat túl van mindenen, amit lehetségesnek hittél?

Tizenegyedik fejezet

Mutasd a pénzt!

Tudtad, hogy többféle kapun keresztül érkezhet hozzád a pénz? Az üzlet csupán az egyik ilyen kapu, amin keresztül megjelenik. Ha nincsen nézőpontod arról, hogy a pénz hogyan érkezhet, akkor megengeded, hogy jöjjön az üzletedből, és más irányokból is.

Ha a pénz megszerzését egy lineáris ügynek látod és azt hiszed, hogy az üzlet kapu a pénzhez, akkor igen, az üzlet egy kapu a pénzhez. Vannak más kapuk is a pénzhez. És az üzlet más számára is kapu a pénzen kívül, például kapu a változáshoz. Amint egy következtetésre jutsz azzal kapcsolatban, hogy honnan fog jönni a pénz, mindenhol máshol lezárod a befogadásodat. Minden alkalommal, amikor hajlandó vagy hozzájárulni és fogadni a hozzájárulást mindenben: a kapcsolatokban, a szexben, az üzletben, a pénzben, az életed minden területén, a hajlandóságod a befogadásra megnyitja azt, ami lehetséges.

Egy barátom nemrégiben mesélte, hogy a fia ezt mondta neki: „Apa, körbe szeretném veled utazni Ausztráliát".

Erre az apja így felelt: „Mi lenne, ha a világot utaznánk körbe?".

A fiú: „Igen, ez szuperül hangzik!".

Aztán az apa így szólt: „Csak előbb több pénzt kell keressek, hogy ezt megtehessük".

A fiú erre ezt felelte: „A pénz miatt ne aggódj, Apa. Az emberek folyton elejtik. Én majd felveszem és odaadom neked".

Mi lenne, ha a fiú nézőpontját alkalmaznánk? A pénz mindenhol ott van. Az emberek folyton elhagyják. Mi lenne, ha a pénz olyan lenne, mint az oxigén? Minden nap lélegzünk. Mi van, ha a pénzt pont így tudnák befogadni, és nem vennénk be a lineáris nézőpontot, hogy hogyan kell megjelenjen?

Amikor Gary Douglasszel találkoztam, 187 000 dolláros adóssággal rendelkeztem. Volt egy üzletem jó nagy raktárkészlettel, de nem volt semmi, amit fel tudtam volna mutatni azon kívül, hogy nagyon jól éreztem magam. Részt vettem egy üzleti tanfolyamon, amit Gary San Franciscóban tartott, ahol egyszerű eszközöket adott a kezünkbe a pénzzel kapcsolatban. Megihletődtem, és azt kérdeztem: „Mi történne, haezeketazeszközökethasználnámagyakorlatban?".Elkezdtem használni néhány eszközt, amit megtanított nekünk, és három és fél hét múlva az adósságom a felére csökkent. Volt néhány őrült nézőpontom a pénzzel kapcsolatban, és amikor az Access Consciousness eszközeit használtam, hogy megváltoztassam ezeket a nézőpontokat, a pénz elkezdett sok különböző helyről megjelenni. A pénz egy része a vállalkozásomon keresztül jött, más része ajándékok formájában jelent meg, és megint más része teljesen véletlenszerű módokon, véletlenszerű helyekről jött. A lényeg az, hogy a pénz hirtelen elkezdett megjelenni az életemben.

Az egyik ilyen őrült nézőpont, amit az Access eszközökkel változtattam meg, az édesapámmal volt kapcsolatos, akit nagyon imádok. Egyszer ezt mondta: „Addig nem fogom itt hagyni ezt a világot, amíg nem vagyok biztos benne, hogy az összes gyerekem anyagilag biztonságban van". A testvéreim jól álltak anyagilag, de ahogy már említettem, nekem elég nagy adósságom volt. Egyik nap, amikor éppen egy Access eszközt használtam, hirtelen rádöbbentem: „A francba! Anyagi katyvaszként teremtem magamat, hogy az apám életben maradjon!". Beszéltem vele erről, és ezután az anyagi világomban minden elkezdett megváltozni. Megváltoztattam az őrült nézőpontomat, és végtelen lehetőségek kezdtek megjelenni.

Pénzt generálni: Buli, buli, buli

Nem mindenki tekinti a pénz generálást bulinak. Vannak, akik úgy érzik, hogy nem tudnak pénzt generálni. Azon aggódnak, hogy honnan fog jönni a pénz, amire szükségük van, vagy ragaszkodnak ahhoz, amijük van. Ha pénzt vesztenek, az számukra azt jelenti, hogy elbuktak. Ez a hozzáállásuk: „Nem veszthetem el ezt, mert az örökkévalóságig tartana, hogy újra generáljam, ezért nem szabad, tilos elbuknom". Annyira lefoglalja őket a már meglévőbe való kapaszkodás, hogy nem tudnak többet befogadni.

Aztán vannak mások, akik mindig azt próbálják kitalálni, hogy hogyan tudnának pénzt szerezni. Ők ezt mondják: „Ezt, meg ez, meg ezt fogom csinálni. Mennyit fizetsz érte?". Azok, akik megpróbálják kitalálni, hogy hogyan fognak pénzt szerezni azok, akiknek úgy tűnik, hogy sosem sikerül, és azoknak, akik az örömből generálnak, egyszerűen csak megjelenik a pénz.

Mindenhol, ahol azért kerested a pénzt, hogy örömet teremts ahelyett, hogy csak örömteli lennél, és a pénz magától megjelenne, igazság, elpusztítanád és nem teremtetté tennéd, isten tudja hányszorosan? Helyes és helytelen, jó és rossz, POD és POC, mind a kilenc, rövidek, fiúk és túlontúl.

A pénz az örömet követi.

Az öröm nem követi a pénzt.

Hajlandó vagy arra, hogy gazdagnak és sikeresnek lássanak?

Nemrégiben megtapasztaltam, hogy a 6 éves unokahúgom szemében gazdag vagyok. Nagyon szeretett volna egy iPadet, tehát vettem neki egyet. A padlón ülve játszott az iPadjével, amikor hirtelen egy nagy sóhajjal ezt mondta: „Simone nagynéni, nagyon örülök, hogy gazdag vagy", és felsorolta az összes dolgot, amit vettem neki. Örültem az elismerésnek. Számára a gazdagság egy jó dolog. Számodra is? Az én hozzáállásom: „Ez remek, fogadom az ítéletet, hogy sok pénzem van". Minél többet ítélkeznek rólad azzal kapcsolatban, hogy van pénzed, annál több pénz fog megjelenni az életedben.

Észrevetted, hogy az emberek hogyan ítélkeznek vagy vetítenek rád dolgokat az alapján, hogy milyen autót vezetsz, hogy milyen ruhát hordasz, vagy az ékszerek alapján, amiket hordasz vagy nem hordasz? A Good Vibes for You cégem első időszakában egy öreg Toyota kisbuszt vezettem. Éber voltam arra, hogy az emberek úgy ítéletek meg, hogy nagyjából jól megy az vállalkozásom, és hogy nem vagyok különösen sikeres. Azt gondolták, hogy csak közép tempóval haladok az életben, és nincs elég motivációm, hogy nagyobb sikert érjek el, és volt is ebben némi igazság. Aztán beszereztünk egy újabb kisbuszt, gyönyörű, művészien megtervezett logóval és inspiráló idézetekkel. Érdekes volt látni, hogy mennyire másként ítéltek meg. A gyerekek integettek nekem, ahogy elhaladtam mellettük a sűrű forgalomban, az emberek beengedtek maguk elé. Végülis ez a Good Vibes for You (Jó rezgések neked) kisbusz volt.

Egy nap, amikor már egy ideje foglalkoztam az Access-szel, vettem egy kabrió BMW-t. A családom nem igazán figyelt arra, hogy mi az Access Consciousness, és soha nem kérdeztek róla addig, amíg egy karácsonyi eseményre be nem állítottam az új autómmal. Aznap a családomból szinte mindenki megkérdezte: „Mi is ez az Access Consciousness pontosan? Mit is csinálsz?". A kabrió BMW-mmel a „siker" ítéletét teremtettem meg, és az emberek meg akarták tudni, hogy mivel foglalkozom.

„Ó, te biztosan gazdag vagy!"

Egy Szöulban élő koreai üzletasszony mesélte nekem, hogy ő és a férje egy nagyon jómódú városrészben élnek és amikor a koreaiak megkérdezik, hogy hol lakik, akkor nem akarja elmondani nekik. Nem akarja, hogy azt mondják: „Ó! Biztosan gazdag vagy!", ezért inkább azt mondja, hogy a város egy másik részében lakik. Azt javasoltam neki, hogy játsszon ezzel. Azt mondtam neki: „Mondd csak el ez embereknek, hogy hol laksz", és amikor azt mondják, hogy „Ó, biztosan gazdag vagy", mosolyogj, és mondd: „Igen és nagyon szeretek ott lakni, olyan sok ott a tér". Aztán figyeld meg, mi történik."

Egy barátom, aki Eumundiból származik, ami egy kisváros az ausztráliai Queenslandben, remekül játszik az ítéletekkel, hogy gazdag és hogy sok pénzt keres. Azt mesélte nekem, hogy két-három naponta elviszi a vállalkozásának a készpénzét a bankba. A bankban dolgozó hölgy azt feltételezi, hogy egy nap készpénz forgalmát fizeti be a számlára és ilyeneket mond neki: „Nahát! Jó napja volt ma, ugye?". A barátom mindig mosolyog és azt mondja: „Igen, az volt!", és fogadja az ítéleteket, hogy sok pénzt keresett.

Állítsuk szembe ezt a nézőpontot azzal az elgondolással, hogy olyan kevés pénzed kell legyen mint mindenki másnak. Hallottad már, amikor két ember beszélget, és az egyik ezt mondja: „Az irodád olyan nagy és gyönyörű", és a másik így felel: „Ó, látnod kéne mennyi a bérleti költségem, és a biztosításom is az egekben van. De kell egy szép hely, ahol a klienseimet fogadhatom". Mi lenne, ha egyszerűen ezt mondaná: „Igen, nagyon szeretek ott dolgozni. Nagyszerű, nemde? Mi más lehetséges?".

Ismersz olyanokat, akik imádnak nagyon szegények lenni? Sokszor hallom, hogy az emberek arról beszélnek, hogy milyen szegények, és a következő próbálja felüllicitálni és elmesélni, ahogy ő még rosszabb helyzetben van. Sosem hallod, hogy valaki azt mondaná, hogy: „Van egy csomó pénzem! Jól vagyok és szuperül vagyok! Épp most jövök egy csodás nyaralásról". Senki nem beszél így. Ehelyett mindenki ahhoz idomítja magát, amit mindenki más csinál, amiként mindenki más létezik. Itt van az idő, hogy ezt megváltoztassuk? Hajlandó vagy más lenni? Hajlandó vagy arra, hogy rengeteg pénzed legyen?

Hajlandó vagy fogadni az ítéleteket, hogy sok pénzed van? Bárhol, ahol nem voltál ezidáig hajlandó, hogy fogadjad az ítéleteket azzal kapcsolatban, hogy mennyire gazdag vagy, vagy hogy mennyi pénzed van, igazság az elpusztítanád és nem teremtetté tennéd, isten tudja hányszorosan? Helyes és helytelen, jó és rossz, POD és POC, mind a kilenc, rövidek, fiút és túlontúl.

Az emberek így is, úgy is megítélnek, tehát miért ne teremtenéd azt az ítéletet, hogy gazdag és sikeres vagy?

Ez nem a pénzről szól

Amikor először belefogtam a Good Vibes for You vállalkozásomba, azt mondogattam: „Az üzlet nem a pénzről szól. Az üzlet öröméről szól". Ez bizonyos fokig igaz is volt, és egy nap alaposabban ránéztem és észleltem az energiát, amit teremtettem, amikor azt mondtam, hogy: „Nem a pénzről szól". Ráeszméltem, hogy beleragadtam egy pénzkereséssel kapcsolatos döntésbe. Megláttam, hogy ha ebben a formában folytatom, nem fogok sok pénzt befogadni.

Ráébredtem, hogy elbújtam az ilyen kijelentések mögé, hogy: „Ez nem a pénzről szól". Ez egy módja volt, hogy biztonságos játékot játsszak. Nem akartam magas pipacs lenni. Amikor erre éber lettem, feltettem a kérdést: „Mi lenne, ha ez a pénz keresésről is szólna?". Elkezdtem kérdezni: „Mi kéne hozzá, hogy rengeteg pénzt keressek és rendelkezzek az üzlet örömével?".

Azokban az időkben, a Good Vibes for You kezdeténél, a befogadásom hiányossága megjelent, amikor trikókat árultam. Amint valaki azt mondta, hogy imádom a trikóidat, akkor kész voltam, ez volt a célom. Az illető megkérdezte, hogy vásárolhat-e egyet, és én azt mondtam: „Persze, szeretnél kedvezményt? Adok két trikót egy áráért". Oda akartam neki adni, mert: „Az üzlet nem a pénzről szól. A kreatív részről szól". Miután dolgoztam a befogadásomon, már tudtam azt mondani: „Nahát! Most már be tudom fogadni a pénzt! Szeretnél egy trikót? 35 dollár lesz".

Nézz rá az üzleted vagy a projekted céljára, mindegy, hogy mi az, és tedd fel a kérdést:

+ Mi lenne, ha pénzt is hajlandó lennék fogadni?
+ Mi lenne, ha kérném, hogy megjelenjen a pénz, és közben megtartanám a célirányomat is?

A képességedet, hogy több pénzt fogadj be, ilyen kérdésekkel növelheted:

+ Mi kéne ahhoz, hogy megjelenjen a pénz?

Mindenhol, ahol meg nem hívottá tettem ma a pénzt, azt elpusztítom és nem teremtetté teszem, isten tudja hányszorosan. Helyes és helytelen, jó és rossz, POD és POC, mind a 9, rövidek, fiúk és túlontúl.

Mit szeretnél megkövetelni?

Van egy nagyszerű könyvelőm Ausztráliában, és a minap megkérdezte, hogy milyen pénzösszeget szeretnék megkövetelni a Good Vibes for You vállalkozásomtól saját magam számára. Ránéztem és ezt mondtam: „Nem követelhetek meg tőle ilyet, mert itt van a rengeteg számla".

Ezt felelte: „A Good Vibes for You nagyon jó abban, hogy fogadja a számlákat, és hajlandó vagy arra, hogy bebizonyítsa az ellenkezőjét". Ekkor még egyszer megkérdezte: „Milyen összeget szeretnél megkövetelni a Good Vibes for Youtól a saját magad számára?".

Kezdett idegesíteni a dolog, és elkezdtem magyarázkodni: „Kifizetetlen számláink vannak. Adósságaink vannak. Befektetőink vannak. Vannak, akiket először ki kell fizetnünk".

Rám nézett, és még egyszer megismételte: „Mit vagy hajlandó megkövetelni a vállalkozástól?".

Hirtelen leesett és azt mondtam: „Francba! Igazad van!" És megmondtam neki az összeget, amit havonta szeretnék a cégtől kapni. Ha nem vagy hajlandó megkövetelni a vállalkozásodtól, amit szeretnél, azt fogod tapasztalni, hogy a vállalkozás mindig csak számlákat teremt. Arról szól, hogy értékeld magad és a hozzájárulást, ami vagy a vállalkozásodhoz.

Itt egy gyakorlat, amit használhatsz. Gyakorold és mondd ki a következőt:

+ Kérem a pénzt most!

Ismételd el tízszer, és még többször és még többször!

+ Kérem a pénzt most!
+ Kérem a pénzt most!
+ Kérem a pénzt most!
+ Kérem a pénzt most!
+ Kérem a pénzt most!
+ Kérem a pénzt most!
+ Kérem a pénzt most!
+ Kérem a pénzt most!
+ Kérem a pénzt most!
+ Kérem a pénzt most!

Ahogy folyamatosan kéred ezt, figyeld meg, hogy könnyebbé kezd-e válni az egész, és elkezdesz-e több pénzt, több üzletet és több örömet befogadni.

Mennyit kérsz a termékeidért és a szolgáltatásaidért?

Azokban az időkben, amikor féldrágaköveket importáltam Indiából, rózsakvarc köveket árultam, amit a szerelem kövének neveztek, és nagyon népszerűek voltak. Egyenesen a forráshoz mentem a közvetítőket kiiktatva, így az árrés elképesztő volt. 15 dollárért vettem őket, és 130 dollárért adtam el őket. Gyakran ezüst foglalatba rakattam őket Radzsasztánban, ahol gyönyörű kézműves munkát végeztek, ami lehetővé tette, hogy még magasabb árat kérjek érte.

Egyszer egy érdekes felfedezést tettem. Úgy döntöttem, hogy megszabadulok az ékszer készletemtől, és drasztikusan lecsökkentettem az árakat. Mivel eredetileg alacsony áron szereztem be az ékszereket, könnyedén megtehettem ezt. Ha egy gyűrűt 15 dollárért vettem, akkor 25 dollárra áraztam be. Azt gondoltam, hogy gyorsabban fogják így elvinni, de valami olyat fedeztem fel, amire nem számítottam: senki nem vette meg őket. Azt feltételezték, hogy: „Ó, ez csak valami olcsó ékszer". De ha azt írtam ki, hogy eredeti ár: 130 dollár, akciós ár: 80 dollár", akkor megvették. Azt gondolták: „Nahát de jó ár egy ilyen menő gyűrűért!". Megtanultam, hogy az áron keresztül, amit kiírok, befolyással vagyok arra, hogy az emberek hogyan tekintenek a termékeimre. Az alacsonyabb ár miatt arra következtettek, hogy valami olcsót és hibásat kapnak, és a magasabb ár miatt azt hitték, hogy nagyon jó üzletet kötnek.

Az összeg, amit kérsz befolyásolja, hogy hogyan tekintenek a termékedre vagy a szolgáltatásodra. Mit jelent ez számodra? Azt jelenti, hogy állapítsd meg, hogy mi az az összeg, amit kényelmes elkérned, és aztán kérjél többet! Az ügyfeleid és klienseid hálásabbak lesznek neked és a termékeidért.

Mennyi pénzt vagy hajlandó befogadni?
Nemrég kaptam egy arckezelést egy kozmetikus barátomtól. Amikor végzett, megkérdeztem, hogy mennyivel tartozom. Lehajtotta a fejét, ide-oda tologatott néhány papírdarabot, és azt motyogta: „95 dollár".

Megkérdeztem tőle: „Mi ez?".

Erre ő: „Tessék?".

Én: „Mi ez az energia a 95 dollárral?".

„Ó!", mondta, „Utálok barátoktól pénzt kérni".

Ismét megkérdeztem tőle: „Mennyivel tartozom?".

Megint lehajtotta a fejét és ezt mondta: „95 dollárral".

Megkérdeztem: „Mennyi lesz?".

Végre a szemembe nézett, és hallhatóan kimondta: „95 dollár".

120 dollárt adtam neki.

Hajlandónak kell lenned pénzt kérni az emberektől! Mennyit vagy hajlandó befogadni óránként a szolgáltatásaidért? 50 dollárt? 100 dollárt? 1000 dollárt? 10000 dollárt? 20000 dollárt? Amikor a munkadíjadat órában számlázod, ezt a kérdést használd:

+ Mi az az összeg, ami kényelmes számomra?

Ha kényelmes számodra 80 dollárt kérni óránként, akkor kérjél 100-at. Vegyed azt az összeget, amivel kényelmesen érzed magad, és növeld meg. Gondolj rá úgy mint a borravalóra, amit hálából kapsz azért, ami vagy. Nem arról van szó, hogy mennyit érsz, sokkal többet érsz, bármennyit is kérsz. Ez csupán pénz. Érezd magad jól és bulisan vele.

Arra tippelek, hogy ettől a javaslattól kényelmetlenül érzed magad, tehát még egyszer elmondom. Amikor valaminek megállapítod az árát, legyél éber arra, hogy a komfortzónádban vagy-e. Az összegtől, amit kérsz, kényelmetlenül érzed magad? Illik ahhoz az energiához, amiből működsz? Mennyit kéne kérjél óránként ahhoz, hogy bulis és örömteli legyen? Mi teremtené az üzlet örömét?

Túl kevés pénz? Túl sok pénz?

Kicsit régebben egy nő elmesélte nekem, hogy nem tölti már az idejét bizonyos emberekkel, mert most már túl sok pénzt keresnek.

Ettől ledöbbentem, és megkérdeztem tőle: „Miért nem akarnál időt tölteni valakivel azért, mert túl sok pénzt keres?". Ha így teszel, az korlátozná a pénzmennyiséget, amit be tudsz fogadni az üzletedben és az életedben? Igen.

Eldöntötted, hogy nem lehetnek olyan emberek a valóságodban vagy az univerzumodban, akik túl kevés vagy túl sok pénzt keresnek? Melyiktől érzed magad kényelmetlenebbül, a túl kevéstől vagy a túl soktól? Ez mind ítélet. Megengeded, hogy ilyen módon idomulj, nem engedi meg az univerzumodnak, hogy kiterjedjen és hogy befogadja a hozzájárulást.

Megállítod magad?

Az emberek néha elmesélik nekem, hogy van egy remek üzleti ötletük, de nem tudnak belefogadni, mivel nincs pénzük. Vagy nem választanak egy üzletet, amihez tőke szükséges, mert azt hiszik, hogy az egész pénzügyi hátteret meg kell teremteniük, mielőtt belefognának. Hagyják, hogy a „nincs pénz" gondolata megállítsa őket. Ez valami olyan, amit te is csinálsz? Mi lenne, ha hajlandó lennél abból működni, hogy a pénzt fel fog bukkanni, amikor szükséged van rá? Mi lenne, ha nem engednéd meg, hogy a „nincs pénz" megállítson? Ahelyett, hogy azt mondod: „Ó, ezt nem tehetjük meg, mert nincs rá pénzünk". Mi lenne, ha feltennéd ezt a kérdést:„Mi kéne, hogy generáljuk azt, amire vágyunk és amire szükségünk van?".

Tényleg akarod a homárt?

Ha van valami, amire tényleg vágysz az életben, akkor engedd meg magadnak. Ha azt gondolod, hogy szeretnél kapcsolatban lenni valakivel, akkor legyél vele kapcsolatban. Ha szeretnél homárt enni, akkor egyél homárt. Legyél éber, hogy abban a pillanatban, amikor ránézel egy étlapra egy drága étteremben és azt gondolod: „A homárt szeretném, de nem engedhetem meg magamnak, ezért inkább a csirke salátát választom", nemet mondtál a befogadásra. Abban a pillanatban elutasítod, nem hívod meg a pénzt az életedbe. Szoktad elutasítani, nem meghívottá tenni a pénzt az életedben? Ha igen, akkor itt egy tisztítás, amit minden nap végén futtathatsz:

> *Elpusztítom és nem teremtetté teszek minden olyan helyet az életemben, ahol ma elutasítottam vagy nem meghívottá tettem a pénzt. Helyes és helytelen, jó és rossz, POD és POC, mind a kilenc, rövidek, fiúk és túlontúl.*

Végtelen lényként szükséged van pénzre?

Néha az emberek mondanak olyanokat mint:„A pénzt keresni nem olyan fontos számomra". Erre azt felelem: „Igaz. Ha a pénz valójában fontos lenne számodra, akkor vödör számra állna nálad". Aztán megkérdezem: „Magad számára van szükséged pénzre, vagy a tested számára?". Neked, a lénynek, nincs szükséged pénzre. Viszont a tested számára szükséges a pénz, a ruhákra, amiket hordasz, az ágyra, amiben alszol és az első osztályú ülésre a repülőgépen, amikor utazol. Figyelmen kívül hagyod, hogy a tested mit szeretne? Mi van, ha itt az idő kedvesnek lenni a testedhez? Mi lenne, ha bevonnád a tested az üzleti számításaidba?

Mennyi pénzt szeretne a tested teremteni és generálni?

Észleltél némi izgatottságot a testedben, amikor az utóbbi két kérdést feltetted? Lehet, *hogy szívesen kipróbálnád ezt a tisztítást:*

Milyen energia, térűr és tudatosság lehetek én és a testem, ami lehetővé tenné, hogy a saját pénzünkkel rendelkezzünk? Mindent, ami nem engedi, hogy ez megjelenjen, azt elpusztítom és nem teremtté teszem, isten tudja hányszorosan. Helyes és helytelen, jó és rossz, POD és POC, mind a kilenc rövided, fiúk és túlontúl.

Egy nagyon érdekes változásra lettem figyelmes, miután ezt a tisztítást először futtattam. Nem a legrendszeretőbb ember vagyok a világon. Amikor utazom, és bejelentkezek egy hotel szobába, a bőröndöm felrobban, és a ruháim szerteszét hevernek a szobában. Egy Access Consciousness tanfolyamon voltunk Olaszországban, miután futtattam ezt a tisztítást, és mindez megváltozott. Ahelyett, hogy szerteszét dobáltam volna a ruháimat a szobában, mindent a helyére tettem. Minden takaros lett. A fürdőszoba rendezett volt, a ruháim a szerkényben voltak. A papírjaim az íróasztalon, a környezetem esztétikailag kellemessé vált. Korábban erre nem voltam hajlandó. Ez abból adódott, hogy a testem és én kértük, hogy legyen saját pénzünk. Ezt megelőzően a testemet nem vettem bele a számításaimba. Most már benne van.

Terjeszd ki magad az egész univerzum területére. Tágulj ki azokra a helyekre is, ahova nem voltál hajlandó elmenni, hogy hozzáférj az összes pénzhez és üzleti lehetőséghez, amik elérhetőek. Folytasd a kiterjeszkedést, túl az időn, a dimenziókon, a valóságon és az anyagon. Tágulj ki túl a képzeleteden, mert a képzeleted korlátozott. Csak azt tudja, amit már megcsináltál. Tágulj a logikus elméden túlra, hangolódj rá mindenre, az összes helyre, ahova nem voltál hajlandó elmenni, és hozzáférni mindahhoz a pénzhez, ami elérhető. Mindent, ami nem engedi, hogy ehhez hozzáférj, azt elpusztítod és nem teremtetté teszed, isten tudja hányszorosan? Helyes és helytelen, jó és rossz, POD és POC, mind a kilenc, rövidek, fiúk és túlontúl.

Hívd meg a pénzt az életedbe

Szeretnél több pénzzel rendelkezni az életedben? Itt van néhány eszköz, amiket használhatsz, hogy több pénzt hívj az életedbe és az üzletedbe.

Mi egyéb lehetséges?
Hogy lehet még ettől is jobb?

Már említettem ezeket a kérdéseket; azonban ezek annyira fontosak és hasznosak, ha szeretnél több pénzt befogadni és több pénzzel rendelkezni, hogy ide is le szeretném őket írni.

Valahányszor pénzt kapsz, kérdezd meg:

+ Mi egyéb lehetséges?
+ Hogy lehet még ettől is jobb?

Valahányszor befizetsz egy számlát, kérdezd meg:

+ Mi egyéb lehetséges?
+ Hogy lehet még ettől is jobb?

Ha villanyszámlát kell fizetned, legyél hálás. Van világítás, be tudod dugni a számítógépet, és fel tudod venni a telefont. Légy hálás azért, amid van, mert ha nem vagy hálás azért, amid van, nem tudsz többet befogadni. Tegyük fel, hogy most kerestél 20$-t. Mondhatnád, hogy: „Ez semmi. 120$-t kellett volna keresnem". Ne azt nézd, hogy mit nem kerestél meg. Azt nézd, amit megkerestél, legyél ezért hálás, és utána tegyél fel kérdéseket. Nem arról szól, hogy: „Oh, ez nem elég!". Helyette kérdezd meg: „Azta, hogy lehettem ilyen szerencsés, hogy kerestem 20$-t? Mi egyéb lehetséges?".

Mi kellene ahhoz, hogy ennek a pénzösszegnek a tízszerese jöjjön vissza hozzám?
Amikor befizetsz egy számlát, tedd fel a kérdést:
+ Mi kellene ahhoz, hogy ennek a pénzösszegnek a tízszerese jöjjön vissza hozzám?

Mit szeretek abban, hogy nincs pénzem?
Gyakran találkozom olyan emberekkel, akik panaszkodnak, hogy nincs pénzük. Akárhogy próbálkoznak, sosincs elég. Ők valójában a „nincs pénzem"-re alapozzák az életüket, ahelyett, hogy arra alapoznák, ami örömet okoz nekik, és ami igazodik annak az életnek az energiájához, amit szeretnének maguknak. Ez egy olyan dolog, amit te is csináltál már? Ha azt veszed észre, hogy „nincs pénzed", ez azért van, mert eldöntötted,

hogy valami értékesebb abban, ha nincs pénzed, mintha lenne? Szeretnéd ezt megváltoztatni? Kérdezd meg:

+ Mit szeretek abban, hogy nincs pénzem?

Először lehet, hogy ki fog akasztani ez a kérdés, és lehet még azt is megkérdezed, hogy „Hogyan lehet ennek a kérdésnek bármiféle értéke?", vagy lehet, hogy szimplán rávágod: „Fogalmam sincs!". Akárhogy is legyen, ha folyamatosan teremtesz egy olyan dolgot, ami nem működik, nagy eséllyel azért teszed ezt, mert valamit szeretsz benne. Ha hajlandó vagy befogadni az éberségét annak, hogy milyen értéket képvisel ez számodra, mindent megváltoztathatsz. Meglepve felfedezheted, hogy a pénzhiány egy habár furcsa, és nem éppen kívánatos módon, de működik neked. Ez egy teljesen új perspektívát adhat a pénzügyi helyzetedről.

Mi az értéke annak, hogy nem vagy sikeres az üzletben?

Ahogy már említettem, az őrült nézőpontjaink tudnak bezárni minket. Ha az üzleted nem „sikeres", feltehetsz egy kérdést, hogy megváltoztasd az energiát. Próbáld ki ezt:

+ Mi az értéke annak, hogy nem vagyok sikeres az üzletben?

Ha hajlandó vagy befogadni az éberséget,
bármit megváltoztathatsz.

Ha a pénz nem lenne probléma, mit választanál?

Ne hagyd, hogy a *pénz* vagy a *pénz hiánya* átvegye az irányítást az életed felett. Mi lenne, ha a valóságod az alapján teremtenéd, ami igazodik annak az életnek az energiájához, amilyet valójában szeretnél?

Amikor először elkezdtem Access Consciousness kurzusokat csinálni, hallottam a hét napos eseményekről, amiket Costa Ricán tartottak. Nagyon szerettem volna részt venni egy ilyen eseményen, de Costa Rica gyakorlatilag a világ másik fele, Ausztráliához képest. Eldöntöttem, hogy Costa Rica egy olyan egzotikus hely, ahova nekünk ausztráloknak nem egyszerű eljutnunk. Nagyjából reménytelennek tartottam, hogy valaha eljussak oda. Úgy tűnt, hogy egy ilyen út biztosan rengeteg pénzbe kerülne. És ez egy teljesen más típusú választás volt. (Észrevettétek a rengeteg kérdést, amiket feltettem? Ja, nem!)

Egyszer egy barátom fényképeit nézegettem, amiket a legutóbbi Costa Ricai hét napos eseményen készített. Észrevette, hogy kissé szomorú vagyok.

Megkérdezte: „Mi ez?".

Azt mondtam: „Hát, ahogy nézegetem ezeket a képeket – és van egy, ami kifejezetten csodásan néz ki – úgy gondolom, hogy soha nem leszek képes eljutni ide. Soha nem fogom tudni ezt megengedni magamnak".

Megkérdezte a barátom: „Melyik néz ki csodásan számodra?".

Azt mondtam: „Ez".

Felnevetett, majd elmondta, hogy az a kép valójában Sydney-ben, Ausztráliában készült, a Darling kikötőben. Véletlenül belekeveredett a Costa Ricai fotók közé.

Erre én: „Oh! Hát Brisbane-ből egyszerű eljutni Sydney-be. Ez nekem is lehetséges!".

Ahogy ezt kimondtam, megláttam, hogy megengedtem a pénzzel kapcsolatos döntéseimnek és elképzeléseimnek, hogy átvegyék az irányítást az életem felett. Az ilyen típusú döntés mögötti őrültség teljesen egyértelművé vált számomra. Azt gondoltam: „Mi lenne, ha csak választanám és megkövetelném, és a pénz pedig megjelenne?". Pontosan így működik. Ha követed az energiáját annak, amit szeretnél teremteni és generálni, és hajlandó vagy bármit befogadni, a pénz megjelenik. Kérdezd meg:

+ Ha a pénz nem lenne probléma, mit választanék?

A tíz százalék ÉRTED van

Az Access Consciousness azon pénzügyi eszköze, amiről a legtöbbet panaszkodnak az emberek, ami mellesleg pont az, ami rengeteg dolgot megváltoztatott nekem, a bevételem 10%-ának elrakása. Ez nem egyenlő azzal, hogy félreraksz 10%-ot nehezebb időkre, vagy amíg nem jön egy nagyobb számla, esetleg egy csodás indok arra, hogy elköltsd. Azt jelenti, hogy elteszed a bevételed 10%-át – és nem költöd el – hogy ezzel megtiszteld magad. Ezt azelőtt teszed, hogy befizetnéd a számláidat, hitel törlesztőrészletet fizetnél, vagy vásárolnál.

Amikor félreteszed ezt a pénzösszeget saját magadnak, azt mondod az univerzumnak, hogy van értéked. Az univerzum olyan, mint egy jótékonysági szervezet; ajándékozni szeretne neked. Kifejezed, hogy van pénzed, szereted a pénzt, és hajlandó vagy még többel rendelkezni. Ha ezt teszed, az univerzum elismeri, hogy mit kérsz. Megajándékoz még több pénzzel. Ám ha nekiállsz elkölteni ezt a pénzt, azt mondod az univerzumnak, hogy neked nincs elég, így hozzányúlsz olyan pénzekhez, amit a saját tiszteleted kifejezésére tettél félre. Azt jelzed, hogy kevesebb van, és nem tudsz több pénzhez jutni. És pontosan ezt adja ilyenkor az univerzum: kevesebbet.

Hallottam Gary-t és Daint többször is, hogy elmagyarázzák ezt az eszközt, és mindig úgy gondoltam: „Ja, ja, már megint ez a 10% dolog. Bla-bla-bla. Ha több pénzt teszel a tárcádba, akkor majd úgy érzed magad, mintha gazdag lennél... jah, bla-bla-bla". Szóval nem tettem el a bevételeim 10%-át.

Aztán egy napon megkérdeztem magamtól: „Mi a legrosszabb, ami történhet, ha megcsinálom? Maximum elköltöm a félretett pénzt. Oké, akár ki is próbálhatom".

Így kipróbáltam, most pedig már imádom! Vannak, akik készpénzben tartják a 10%-ukat. Én egy külön bankszámlán szeretem tartani. Imádok átutalni erre a számlára, és látni, ahogy növekszik. Vásároltam aranyat, ezüstöt és részvényeket is magamnak, mert bulis dolog, ha van ilyen.

Amint elér egy bizonyos pontot a 10%-od, észreveszel egy változást abban, ahogyan kapcsolódsz a pénzhez, és az ehhez kapcsolódó stresszben. Ez az összeg mindenkinek más és más. Ez lehet például akkor, amikor eléri a háromszorosát annak az összegnek, amennyiből élsz egy hónapban. Mondjuk azt, hogy 4000$-t költesz havonta. Amint 12000$ lesz a 10%-od, megjelenik egy fajta könnyedség érzete az univerzumodban. Egyszerűen tudod, hogy minden rendben lesz. Békében vagy a pénzzel. Ez is a része annak, amire ez a 10% hivatott. Hajlandó lennél békében lenni a pénzzel?

Tedd el a bevételed 10%-át, hogy ezzel megtiszteld magad, és megmutasd az univerzumnak, hogy van pénzed, szereted a pénzt, és többet szeretnél még belőle. Ne költsd el a 10%-ot. Inkább nézd, ahogy növekszik, és élvezd, hogy mennyi pénzed van!

És 10% az üzletednek

Tedd el mindig a 10%-át annak, amit az üzleted keres. Ez nem a tiéd – az üzletedé. Mi minden összegnek eltesszük a 10%-át, ami beérkezik a Good Vibes for Youba. Ez a Good Vibesé. Ezzel megtiszteljük az üzletünket.

Egy millió kifogást kitalálhatsz, hogy miért nem fog ez működni. Én annyit szeretnék elmondani neked, hogy igenis működik. Az üzletednek munkája van. Tiszteld meg és mutasd meg neki, hogy értékes azzal, hogy minden bejövő összeg 10%-át elteszed. Ezt bármilyen számla befizetése előtt tedd meg. Amikor így teszel, te és az üzleted is elkezdtek olyan választásokat hozni, amik azon alapszanak, hogy mi a kiterjesztő, nem azon, hogy „Hogyan fogjuk kifizetni ezt a számlát?". Megváltoztatja az üzleted és a pénzmozgásod dinamikáját. Próbáld ki, és nézd meg, mi történik neked.

Tizenharmadik fejezet

„A piszkos anyagiak": Praktikák

Évekkel ezelőtt Apu, aki könyvelő volt, a könyvelésről beszélgetett velem, és ő végezte a könyvelést a vállalkozásaim számára. Nagyon toporzékoltam, miközben azt mondtam: „Nem akarok erről tudni! Ez unalmas. Más dolgom is van".

Erre ő rajzolt egy nagy kördiagramot, amibe beleírta azokat a elemeket, amik egy sikeres vállalkozás működtetéséhez szükségesek. A könyvelési rész elég nagy volt. Azt mondtam: „Nem akarom ezt a könyvelési részt csinálni. Én így rajzolnám meg ezt az ábrát". És egy olyan kördiagramot rajzoltam, ami a generatív, kreatív részéről szólt az üzletnek, és csak egy csipetnyi könyvelés volt benne.

Ránézett a kördiagramomra és ezt mondta: „Igen, de ha nem tudsz semmit a könyvelésről, a vállalkozásod nem fog létezni".

Rájöttem, hogy igaza volt. Nem tudsz éberségből működni a vállalkozásodban, ha nem érted meg az eredménykimutatást, vagy ha nem tudod, hogy mennyi pénzed van a bankszámládon. Kell, hogy rendelkezz néhány alapvető, praktikus információval azzal kapcsolatban, hogy miként működnek az anyagi dolgok. Te is egyike vagy azoknak (ahogyan én is ilyen voltam), aki nem akar foglalkozni a pénzügyi dolgok praktikus oldalával? Azt gondolod, hogy ez unalmas? Úgy érzed, hogy egyáltalán nem izgat?

Hajlandó vagy eltűnődni egy másik nézőponton? Az üzlet praktikus oldala is lehet bulis és kreatív, különösen ha kérdéseket használsz, hogy megszerezd a számodra szükséges információt.

Éberségből működni a pénzügyekkel

Nem kell, hogy mindenben jó legyél a vállalkozásodban. Nem kell mindent magad csinálnod, viszont tudnod kell, hogy az eladásaidból milyen bevételeid lesznek, és milyen kiadások várhatóak. Tudnod kell, hogy mi a nyereséged minden egyes termékeden, és hogy hány darab árucikket kell eladjál naponta, hetente és havonta, hogy fedezni tudd az összes kiadásodat, hogy fedezd a rezsit. Ezeket nem kell feltétlenül egyedül kiszámolnod, csak ébernek kell legyél rájuk. Ha ezekről a dolgokról nem tudsz, akkor tönkre fogod tenni a vállalkozásodat.

Milyen havi kiadásai vannak a vállalkozásnak?

Itt egy egyszerű gyakorlat ahhoz, hogy éberséget kapj arról, hogy mire van szükség havonta ahhoz, hogy a vállalkozásodat működtesd:

+ Ülj le és írd le az összes vállalkozásoddal kapcsolatos kiadásodat az elmúlt hat hónap alapján (vagy egy évre visszamenően). Ez magába foglalja a bérleti díjat, az irodaszereket, internet költségek, telefon, elektromosság, autó, az összes pénz, amit a vállalkozásod kifizetett. Vagy kérd el a könyvelődtől az eredménykimutatást.
+ Oszd el ezt a számot hattal (vagy tizenkettővel). Ez körülbelül megmutatja, hogy mennyi a havi kiadásod.
+ Miután kiszámoltad a havi kiadásodat, adj hozzá 10%-ot az üzleted számára!
+ Adj hozzá 10%-ot csak magadnak!
+ Adj hozzá 20%-ot az egyebekre!
+ Ez meg fogja mutatni, hogy mennyit kell keresned havonta.
+ Aztán követeld meg, bármekkora is legyen ez az összeg. Ha nem vagy éber arra, hogy mennyibe kerül, hogy a vállalkozásodat működtesd, akkor elkezded megölni az üzletedet.

Eleinte azt fogod mondani, hogy: „Ez a pénzügyi dolog túl komplikált". A helyzet az, hogy ez csupán egy másik nyelv, amit meg kell tanulnod. Mi lenne, ha hajlandó lennél megtanulni a pénz nyelvét?

Tanácsolták már azt, hogy csökkentsd a kiadásaidat?

Az egyik első dolog, amit a kontextuális valóságból működő a könyvelők javasolni szoktak az, hogy csökkentsd a vállalkozásod kiadásait. Azzal egyet értek, hogy ha ránézel a kiadásaidra, az egy remek módja annak, hogy növeld az éberségedet a vállalkozásod pénzügyeivel kapcsolatban. Jó első lépés lehet feltenni a kérdést, hogy szükséges-e elmenni a kiállításra, amit tervezel. Viszont megpróbálni a költségeket csökkenteni mindig nehéz érzés volt számomra, és nem kiterjedő vagy generatív. A „Hogyan csökkenthetjük az üzleti kiadásainkat?". egy korlátozott kérdés, ami azon a döntésen alapul, hogy csökkentened *kell* a kiadásaidat. Valószínűleg jobb, ha egy végtelenebb és nyitott kérdést teszel fel. Nézd meg, mi az, amit hozzáadhatsz, mi az, amit növelni tudsz, és mit tudsz kiterjeszteni az alábbi kérdésekkel:

+ Hogyan tudom megnövelni a pénz beáramlását az üzletbe? (Látod, hogy mennyire más ez mint amikor arra fókuszálsz, hogy elveszel dolgokat a vállalkozásodtól?)
+ Van itt bármi, amit meg tudok változtatni?
+ Mi kéne ahhoz, hogy növeljem a bevételemet?
+ Mi mást tudok hozzáadni az üzletemhez?
+ Mit tudok hozzáadni a szolgáltatásaimhoz?
+ Hány bevételi forrást tudok létrehozni az üzletemmel?
+ Milyen varázslatot tudok ma meghívni az üzletembe?

Arra is biztatlak, hogy kérj támogatást az univerzumtól. Használd az energia, térűr és tudatosság processzt, amit korábban is leírtam:

Milyen energia, térűr és tudatosság lehetek én és az üzletem, ami lehetővé tenné számunkra, hogy az örökkévalóságon át alkalmazzunk az univerzumot? Mindent, ami ezt nem engedi, hogy megjelenjen, elpusztítom és nem teremtetté teszem, isten tudja hányszorosan. Helyes és helytelen, jó és rossz, POD és POC, mind a kilenc, rövidek, fiúk és túlontúl.

Tényleg túl sokat költöttél az marketingre?

Ha a könyvelőd azt tanácsolja, hogy csökkentsd a kiadásaidat, lehet hogy valami ilyesmit fog mondani: „Túl sokat költesz a marketingre és a reklámra. Ezek az összegek nem passzolnak össze az eladásokkal". Mielőtt egyetértesz és kiállsz e mellett a megközelítés mellett, nézzünk rá.

Mondjuk 15000 dollárt költöttél marketingre ebben a hónapban. Mi volt ez? Valami olyan, ami jövőbeli lehetőségeket fog generálni a következő hat vagy tizenkét hónapban? Vagy csak pillanatnyi költség volt? Mondjuk, hogy elmentél egy kiállításra, ami 6000 dollárba került. Az azonnali eladásaid 4500 dollárt hoztak. Erre ránézve mondhatnád azt, hogy 1500 dollár veszteséged keletkezett. De tényleg veszteséges volt? Ne menj bele a rosszaságába. Az univerzum ajtókat nyit számodra. Amint belemész a „Rossz vagyok" vagy a „veszteséget termeltem"-be, bezárod az ajtókat a jövőbeli lehetőségekre és a hozzájárulásra.

Számomra nem arról van szó, hogy a táblázat egyik vagy másik oszlopa alapján mérjem a sikert. Lehet, hogy valaki az expón elvitt egy szórólapot és azt mondta: „Fel fogom őket hívni!". És lehet, hogy hat hónapig nem hív fel. Lehet, hogy egy év múlva fog felhívni. Sosem tudhatod, hogy mi fog felbukkanni! Tedd fel ezeket a kérdéseket:

* Ez a kiadás a jelenhez vagy a jövőhöz kapcsolódik, vagy mindkettőhöz?
* Ha elmegyek a kiállításra, generál jövőbeli lehetőségeket?
* Ez a kiadás pénzt fog hozni a vállalkozásnak?

♦ Ettől könnyed érzésem van? (Emlékezz, az igazság mindig könnyed érzés, és a hazugság mindig nehéznek érződik.)

Mindig a kérdésről van szó, és annak a teremtéssel és a generálással kapcsolatos éberségről.

Tehát, milyen kérdéseket tehetsz fel ma, hogy növeld a lehetőségeket az életed, az élésed, a valóságod és az üzleted számára?

Hajlandó lennél elpusztítani és nem teremtetté tenni minden olyan helyet, ahol bezártad az ajtókat jövőbeli lehetőségek számára, ahol megölted a jövőbeli lehetőségeket? Mindet, ami ez, elpusztítanád és nem teremtetté tennéd, isten tudja hányszorosan? Helyes és helytelen, jó és rossz, POD és POC, mind a kilenc, rövidek, fiúk és túlontúl.

Itt van még néhány praktikus dologhoz kapcsolódó kérdés, amiket alkalmazhatsz, amikor pénzügyi dolgokkal foglalkozol, amikor ki szeretnéd terjeszteni az üzletedet, befektetni készülsz vagy új ötleteket akarsz gyakorlatba átültetni.

Befektetésen gondolkodsz?

Bizonytalan vagy, hogy hogyan közelítsd meg a befektetést a vállalkozásodba? Bármikor, amikor egy vásárlás előtt állsz, vagy terjeszkedni akarsz, a kulcskérdés ez:

♦ Ha ezt megvesszük, pénzt fog hozni most és a jövőben?

Amikor felteszed ezt a kérdést, lehet hogy csak a „most" jön, vagy csak a „jövőben", de lehet, hogy „igen, ez pénzt fog hozni most és a jövőben". Bármi is legyen, nagyobb éberséged lesz arról, hogy mire van szüksége a vállalkozásodnak. Ha rendszereket és folyamatokat állítasz fel, vagy bármi is az, mostanra és a jövőre, a jövő sokkal könnyebb lesz, mert kiterjeszted az üzletedet és a pénzáramlásokat, amik felbukkanhatnak.

A lehetőségek könyve

Ha olyan vagy mint én, akkor folyamatosan újabb és újabb üzleti lehetőségekkel kapcsolatos ötleteid vannak, és néha nem tudod, hogy melyik ötletet kövesd és mikor. Most vágj bele, vagy inkább várj vele? Gary Douglas mindig is azt javasolta, hogy szerezz be egy kis jegyzetfüzetet, és írd le az összes üzleti ötletedet, amikor eszedbe jutnak. Ezt hívja a lehetőségek könyvének. Aztán minden ötlettel kapcsolatban kérdezd meg:

+ Igazság, a jelenre vagy a jövőre vonatkozik?

Az éberség energiájának követése által tudni fogod, hogy mikor jön el a megfelelő idő, hogy tegyél is valamit az ötlettel, vagy hogy várj-e még vele.

Lehet, hogy jó ötlet, de nem most van itt az idő, hogy a gyakorlatba ültessük. Amikor már van némi tisztánlátásod erről, feltehetsz további kérdéseket, és megvárhatod a megfelelő pillanatot. Ez szintén egy remekül használható kérdés, amikor valaki előrukkol egy ötlettel, hogy miként lehetne kiterjeszteni az üzletedet, vagy amikor azon tűnődsz, hogy bevezess-e egy új terméket vagy szolgáltatást. A „Most vagy a jövőben?" kérdés nagyon hasznos, mert gyakran megöljük az új ötleteket, ha nem látjuk az azonnali alkalmazhatóságukat. Ígérd meg nekem, hogy nem fogod megölni a jövőbeli lehetőségeidet!

Itt van még néhány kérdés, amik segítenek abban, hogy megállapítsd a megfelelő időt az ötlet megvalósításához:

+ Mutasd meg nekem, mikor használjalak!
+ Mutasd meg, mikor adjalak el!
+ Mutasd meg, mikor mutassalak meg!

Körülbelül három éve összejöttem néhány emberrel az Access Consciousnessen belül, hogy gyerekeknek tartandó Access táborokról beszélgessünk. Egy nagyon tehetséges személlyel dolgoztunk együtt, akinek volt gyermektáboroztatási tapasztalata, és a témát mélyen kitárgyaltuk. Megismertük a jogi kereteket, lett egy remek weboldalunk, nagyszerű szórólapunk, és voltak tanárok is, akik a táborban készültek majd tanítani. Szuper volt, de nem voltak még gyerekek. A gyerekek voltak a hiányzó láncszem. Néhányan elkezdtek belemenni, hogy: „Jaj, ez nem működik". Nem ez volt a lényeg. A kérdés az volt: „Mikor van itt az idő a táborokhoz?". Csak most három évvel később kezd el megvalósulni ez a projekt. Az összes zseniális anyagot fel tudjuk használni, amit korábban összegyűjtöttünk, mert most van itt az idő. Ne öld meg a projektet. Lehet, hogy egyszerűen nem akkor van a megfelelő idő a megvalósításhoz. Használj kérdéseket, hogy kitaláld, hogy mikor vidd véghez az ötleteidet.

Arról van szó, hogy ne kerülj el semmit.
Éberséggel bármit és mindent meg tudsz változtatni.

Tizennegyedik fejezet

Kapcsolódók, mozgatók, teremtők és mindenesek

Amikor választanál üzletfeleket, szerződő feleket, alkalmazottakat, vagy egyéb embereket, hogy együtt dolgozzatok, segít, ha megérted, hogy négy fő típusa van az embereknek: vannak kapcsolódók, mozgatók, teremtők és mindenesek. Ha rájössz, hogy te melyik típus vagy, könnyebben kiválaszthatod, hogy mit csinálj az üzletedben, és megtalálhatod a megfelelő embereket, hogy kisegítsenek a többi területen.

A **kapcsolódók** olyan emberek, akik imádnak beszélgetni, mindenkivel. Az ő specialitásuk a kapcsolatok teremtése. Az ő készségük és képességük az, hogy tudják, kivel beszéljenek, mikor beszéljenek velük, és mit mondjanak nekik. A kapcsolódóknak ötvenmillió elmentett telefonszámuk van, és valahányszor szükséged van valamire, azt mondják: „Tudom, hogy kit kell felhívnunk". Bárkit megnevezhetek, bármilyen iparágban, és egy kapcsolódó azt fogja mondani, hogy „Igen, igen, ő egy jóbarátom!".

A kapcsolódó erőssége az emberekkel való beszélgetésben rejlik. Ezt kéred, hogy csinálja meg neked a kapcsolódó: kapcsolódjon. Nagyon jók az eladásban, és telefonbeszélgetésekben is remekelnek. Egy kapcsolódó bárkivel beszél bármiről, és elengedhetetlenek egy sikeres üzlethez.

Előfordul, hogy kapcsolódók jönnek hozzád, kifizetik a termékedet vagy szolgáltatásodat, aztán elmondják az összes ismerősüknek, hogy mennyire nagyszerű vagy. Nem is muszáj alkalmaznod őket. Ők szeretnék, hogy mindenki tudjon rólad. Így sok kapcsolódó nem keres pénzt azzal, hogy létrehozza ezeket a kapcsolatokat. Ők csak összehozzák az embereket, mert ők ezt csinálják! Mondjuk azt, hogy fodrász vagy, és az egyik kliensed folyton lelkesen beszél rólad, bárhova megy, a közértbe, családi találkozóra vagy bulizni. Azt mondja az embereknek, hogy „El kell menned ehhez a fodrászhoz. Ő fantasztikus!". Ez egy kapcsolódó. A kliensed fizet neked, hogy levágd a haját, és kapcsolatokat hoz létre neked. A kapcsolódók egyszerűen azért csinálják így a dolgokat, mert ez annyira örömteli számukra.

A **mozgatók** olyan emberek, akik tudják, hogy hogyan kell egy üzletet vezetni. Energikusak, nagy ambícióik vannak, és legfőképpen, futuristák. Nekik az a specialitásuk, hogy tudják, hogy mit kell ma elintézni, hogy kiterjedjen holnap az üzlet. Egy mozgató ránéz a lehetőségekre, és megkérdezi: „Mi a következő szükséges lépés?". Ha egy összejövetelt, bulit vagy tanfolyamot szervezel, a mozgató lesz az, aki lefoglalja a helyszínt, kinyomtatja a szórólapokat, és biztosítja, hogy legyen elég szék mindenkinek. Az ő készségük és képességük az, hogy meglátják, mire van szükség, és biztosítják, hogy ez meglegyen. Ők tíz, húsz vagy ötven lépéssel azelőtt járnak, mint ami történik.

A mozgatók létrehoznak az üzletednek és projektjeidnek egy áramlást, és könnyedség érzetet keltenek. Mondjuk, hogy lesz egy expod. A mozgató előre tudni fogja, hogy pontosan mit kell majd ahhoz csinálni, hogy előkészítsétek, és jól működjön ez a kiállítás. Ez a kulcs. Nagyon előre járnak az időben. Nem úgy érnek oda az expora, hogy: „Jaj, ne! Otthon felejtettem a terméket!". Ugyanúgy tudják egy vagy két hónappal az esemény előtt, hogy mire lesz szükség, mint egy héttel utána. Olyan, mintha gondolatolvasók lennének. A jó mozgatók abban a kérdésben vannak, hogy mi szükséges a jövőre nézve, aztán megérkezned és megkérdezik: „Mi újság ma?".

A **teremtők** mindig azt keresik, hogy mi lehetséges. Ők az álmodozók és a vizionáriusok. Ők találják ki az ötleteket. Mindig keresik annak az energiáját, hogy mit generáljanak az életükben. A teremtők olyan kérdésekből élnek, mint például: „Mi egyéb lehetséges? Milyen választásaim vannak? Milyen hozzájárulás lehetek?". Az ő készségük és képeségük az, hogy meglátják, hogy mi lehetséges az üzletben és az életben. Egy teremtő olyasvalaki, akinek mindig millió ötlete van. Ilyenkor lehet az összes ötlet leírása egy „Lehetőségek könyvébe" hatásos.

A minap beszélgettem egy férfivel, aki azt mondta: „Néha van egy üzleti ötletem. Látom az elejét, és hogy hogyan nézhetne ki a jövőben, aztán valahol ott van a közepe, ami arról szólna, hogy ezt hogyan is kéne megvalósítani. Ezt nem látom. Szeretem az ötletet, és van egy vízióm arról, hogy hogy fog kinézni, de fogalmam sincs arról, hogy hogyan valósítsam meg".

Ő például egy olyan teremtő, akinek szüksége van egy mozgatóra. Megkérdeztem tőle: „Mi lenne, ha behoznál valakit, aki meg tudná csinálni mindezeket a dolgokat a közepén? Vannak olyanok, akik szívesen intézményesítenek mindent, hogy egy üzlet igazán beindulhasson". Azóta felvette a kapcsolatot egy remek mozgatóval, aki segít neki megvalósítani az ötleteit, és az új vállalkozása szárnyal.

A **mindenesek** rendelkeznek a kapcsolódók, mozgatók és teremtők képességeinek összességével. Nagyszerűek mindhárom dologban. Egy mindenes egymagában képes mindhárom szerepet betölteni. Ők remek koordinátorok, mert megvan az éberségük arról, hogy hogyan kapcsolódjanak, hogyan mozgassanak és hogyan teremtsenek. Látják az üzletek összes aspektusát, tudják, hogy mi szükséges minden egyes területen, és hatékonyan dolgoznak együtt emberekkel, így biztosítják, hogy egy sikeres üzlet összes eleme a helyén legyen.

Kik a kapcsolódók, mozgatók és teremtők a te életedben?

Remélem, hogy miközben ezt olvasod, felismered, hogy az ismerőseid közül kik igazodnak a kapcsolódók, mozgatók és teremtők leírásához. Azt mondod: „Oh, az a nő mindig a termékeimről beszél, pedig nem is dolgozik nekem". Oh! Mi van, ha a kapcsolódókat, mozgatókat és teremtőket nem is kell alkalmaznod? Mi lenne, ha ezek egyszerűen olyan emberek lennének, akik hozzájárulnak az üzletedhez? Azok! Mi lenne, ha hajlandó lennél befogadni a kapcsolódókat, mozgatókat és teremtőket mindenhonnan és bárhonnan?

Te melyik vagy?

Hogy letisztázd, hogy te egy mozgató, kapcsolódó, teremtő vagy mindenes vagy, kérdezd meg:

+ Az üzletben mit szeretek csinálni, és mi szeretek lenni?

Mindegyik elengedhetetlen az üzletednek

A kapcsolódó, a mozgató és a teremtő is ugyanolyan fontos, mint az összes többi. Egyik sem jobb vagy értékesebb, mint a másik. Mindegyiknek megvan a maga készsége és képessége, amik mind szükségesek ahhoz, hogy az üzletet sikeresen, simán, könnyedén és örömmel vezesd. Egyik sem különleges, és mindegyik különleges. Ha nincs valakid, aki rendelkezik egy erős kapcsolódó, mozgató és teremtő készségeivel, nem lesznek meg azok az elemeid, amik fontosak egy sikeres üzlethez. (Amúgy ez a kapcsolatokban is igaz. Egy sikeres kapcsolathoz olyan partnerek szükségesek, akiknek megvannak a kapcsolódók, mozgatók és teremtők kombinált készségei.)

„Én csak egy kapcsolódó vagyok"

Mondjuk azt, hogy rájössz, hogy kapcsolódó vagy. Lehet, hogy azt kérdezed, amit egy barátom is kérdezett: „Hogy lehet sikeres üzletem, ha én csak egy kapcsolódó vagyok?". A válasz egyszerű: nem kell mindent egyedül csinálnod! Azokat a részeket csináld meg, amik örömteliek neked. Kérdezd meg:

+ Ki másnak kell még megjelennie, hogy generáljuk, ami szükséges?

Vagy esetleg létrehozhatsz egy olyan üzletet, ami a kapcsolatok teremtéséről szól. Megkérdeztem a barátomtól, hogy „Mi lenne, ha a kapcsolódás lenne az üzleted? Mi lenne, ha az üzleted arról szólna, ami te vagy?". Ha kapcsolódó vagy, nagyszerű üzletet teremthetsz azzal, hogy összekötsz embereket egymással. Csak nézd meg a Craigslistet vagy az Angieslistet (amerikai apróhirdetési oldalak – *a ford.*). Ezeket mind kapcsolódók hozták létre. Ezt csinálják – összekötnek embereket – és pénzt keresnek ezáltal.

„Kapcsolódó vagyok, de utálom magamat reklámozni"

Még ha kapcsolódó is vagy, érdemes lehet találnod egy másik kapcsolódót, hogy reklámozzon téged, mivel nagyon sokan (még kapcsolódók is) az ön-reklámozást nehéznek tartják. Érdemes lehet találnod egy közösségi média zsenit, hogy segítsen rengeteg emberrel összekötni téged. Vagy megbízhatsz egy közösségi médiával dolgozó céget, aki összekapcsol a nagyvilággal. Kérdezd meg:

+ Mi mást kell hozzáadnom az üzletemhez?

Az lenne az elképzelés ezzel az információval, hogy legyen meg az éberséged arról, hogy te és mások mit találtok könnyűnek, és hogy képes legyél használni mindenkinek a legnagyszerűbb kapacitásait, ami többet fog teremteni az üzlet öröméből.

Mik a végtelen lehetőségek?

Tizenötödik fejezet

Kit vegyél fel a vállalkozásodba? Praktikák

Amikor eljön az ideje, hogy új embereket vegyél fel az üzletedbe, ne csak azt kérd, hogy jelenjen meg egy alkalmazott. Kérj egy egyéniséget, aki több egy szimpla alkalmazottnál. Kérj olyat, aki a legvadabb álmaidban elképzeltnél is nagyobb hozzájárulás lesz, hogy kiterjessze az üzletet azontúl, hogy segít saját magán. Kérj olyat, aki arra vágyik, hogy egy nagyobb valóság jelenjen meg az üzletedben.

Nem mindig működtem így. Évekkel azelőtt, hogy tudtam volna az üzletemről, hogy önálló entitás, azt gondoltam, hogy én vagyok a tulajdonosa. Az volt a nézőpontom, hogy senki nem tudja olyan jól csinálni, mint én. Szóval mit gondoltok, milyen személyzetet sikerült alkalmaznom? Meglepetés! Mi teremtjük a valóságunkat. A felvett emberek közül senki nem tudta olyan jól megcsinálni a dolgokat, mint én.

Ragaszkodtam ahhoz az elképzeléshez, hogy én vagyok az egyetlen, aki képes vezetni az üzletemet, és mindeközben nagyon szoros kontroll alatt tartottam mindent. Sok vállalkozás tulajdonosa ezen az úton indul el. Semmit nem akarnak elengedni. A gond ezzel csupán annyi, hogy ha valamit nagyon rövid pórázon tartasz, elfoglalja a kezedet. Semmi mást nem tudsz befogadni. Van egy jelenet az egyik Star Wars filmben, ahol az egyik karakter ragaszkodik egy univerzumhoz, és egy másik azt mondja neki: „Ha nem engeded el ezt az univerzumot, nem leszel képes befogadni az összes többi univerzumot". Amint elengeded a kontrollt, valami sokkal nagyszerűbb tud megjelenni neked és az üzletednek is. Most már, amikor új embert szeretnék alkalmazni, olyan embereket kérek, hogy dolgozzanak velem, akik többet tudnak nálam.

Ha valamelyik terület nem túl élvezetes számodra, vagy csak szimplán nem vagy elég jó valamiben, találj olyat, akinek ez a terület örömteli. Például, bármelyik férfinek, nőnek vagy gyereknek képes vagyok bármilyen témáról beszélni, de a kapcsolódás nem a legélvezetesebb dolog számomra. Jobban szeretek teremtő és mozgató lenni. A Good Vibes for Youban most már az eladási osztályon dolgozik velünk valaki, aki sokkal jobb nálam. Neki nem vér folyik az ereiben – értékesítői vénája van. Miért is ne vennél fel olyat, aki jobban csinálja a dolgokat nálad? Van olyan is a csapatunkban, aki imád könyvelni. Ez a hozzáállása: „Ezt megcsinálhatom, kérlek?". A válaszom: „Persze!". Sokkal jobban könyvel mint én, mert ő imádja ezt csinálni.

Ha valaki mást hívsz az üzletedbe, hogy megcsinálja azokat a feladatokat, amiket te nem szeretsz, hozzájárulás vagy az üzletnek. Nem vagy kedves az üzleteddel, ha nem engeded meg olyasvalaki hozzájárulását, aki valóban élvezettel csinálja meg az elvégzendő munkát. Ha rendkívül kompetens emberek dolgoznak az üzletedben, az kiterjeszti az üzletet, vagy kisebbé teszi? Kiterjeszti!

Alkalmazás

Íme néhány kérdés, amiket használhatsz, amikor fontolóra veszed, hogy alkalmazz valakit:

+ Igazság, ő fog hozni pénzt az üzletbe most és/vagy a jövőben?

Lehet, hogy nemet kapsz. Ne menj egyből ebbe a következtetésbe: „Oh, őt nem alkalmazhatom". Inkább kérdezd meg:

+ Igazság, ő hozzáadna a céghez valamilyen módon?

Az éberséget energetikai felelet formájában kapod meg, és innen már hozhatsz egy választást. Emlékezz: a választás éberséget teremt.

Interjúztatás

Amikor egy állásra interjúztatsz, próbáld ki ezt:

+ Mondd ki a fejedben: „Igazság", majd hangosan kérdezd meg:
+ Mi az a dolog, amit nem kérdeztem meg tőled, amiről tudnom kellene?

Az *igazság* az univerzum törvénye. Ha azt kérdezed: „igazság" egy kérdés előtt, igazat kell mondania az embereknek. Olyan dolgokat fognak mondani, mint például: „Néha elkések", vagy „Nem igazán szeretem felvenni a telefont". Elmondják, hogy mit nem szeretnek, majd azt mondják (maguknak): „Miért mondtam ezt?". Ezt manipulációnak hívják, és rendkívül szórakoztató!

Kiderítendő dolgok potenciális üzletfelekről és alkalmazottakról

Íme néhány dolog, amire érdemes lehet ránézni, ha üzletfeleket vagy alkalmazottakat szeretnél:

+ Szegénység tudata van? Ne alkalmazz olyanokat, akiknek a szegénység a valóságuk. Ez nem fog jól működni, ha pénzt szeretnél termelni, mert biztosítani fogják, hogy még annyi pénzt se keress, hogy őket ki tudd fizetni.

+ Neki vagy a családjának volt valaha pénze? Akiknek volt pénzük, elvárják, hogy legyen is pénzük. Nekiállnak pénzt termelni neked, mert a pénz a valóságuk része. Elvárják, hogy legyen.

+ Szereti a pénzt? Még ha szegénységből is jött, ha szereti a pénzt, fog pénzt termelni neked és saját magának, mert szereti a pénzt.

+ Olyan a nézőpontja, hogy minden haszontalan dologhoz ragaszkodnia kell a lakásában? Ha igen, érdemes tudnod, hogy nagy eséllyel soha nem lesz pénze, mert ahhoz ragaszkodik, amilye már megvan, mintha nem lenne más. Menj el vele egy körre. Ha tele van a kocsija szeméttel,

széméthalmozóval van dolgod, és ő soha nem fog pénzt
hozni neked.

♦ **Intelligens és éber?** Van humorérzéke? Olyan emberekkel
érdemes dolgozni, akik képesek aktívan tartani az
elmédet. Ha olyan embert alkalmazol, akinek nincs elég
intelligenciája vagy ébersége, elég hamar ki fog akasztani.

Az éberségből teremtett üzlet az üzlet öröme –
ez a másik út az üzletben.

Tizenhatodik fejezet

Erőbe emelés vs. mikromenedzselés

Amikor emberekkel beszélgetek, gyakran felmerülnek kételyek a személyzet alkalmazásával kapcsolatban. Azon aggódnak: „Vajon találni fogok kompetens embereket? Minden egyes apró dolgot el kell majd nekik magyaráznom? Csak félmunkát fognak végezni, és nekem újra kell majd csinálnom az egészet? Ha igen, akkor végül dupla munkát kell csinálnom! Hogyan tudom úgy kontrollálni a dolgokat, hogy biztosítsam, hogy minden rendben legyen?".

Azt mondom: „Ne próbáld kontrollálni a dolgokat". Hajlandónak kell lenned az üzleted és az életed vezetőjévé válni. A vezetők olyan emberek, akik tudják, hogy merre tartanak, és arra mennek, bármibe kerül. Az, hogy az üzleted vezetője vagy, nem feltétlenül jelenti azt, hogy neked kell lenned a főfejesnek, vagy hogy mindent kontrollálnod kell. Jelentheti azt is, hogy a munkatársaidat invitálod arra, hogy osszák meg az észrevételeiket. Jelentheti azt is, hogy elvárod tőlük, hogy saját választásokat hozzanak meg.

A mikromenedzselés azt jelenti, hogy te mint az üzlet vezetője, semmibe veszed az éberséged, és arra a gondolatra fókuszálsz, hogy a dolgoknak egy bizonyos módon kell kinézniük. Ezzel csak az a gond, hogy a gondolatok soha nem terjesztik ki az üzletet; kicsivé teszik, és ez a *mikro* része a *mikromenedzselésnek.* Amikor mikromenedzselsz, belemész a gondolataidba és az elvárásaidba, és a lehetőségeket pedig magad mögött hagyod. Rövid pórázon tartod az alkalmazottaidat. Feléjük állsz, figyeled őket, és megmondod mit csináljanak.

Ez nem igazán működőképes megközelítés. Ha megfigyeled, hogy mi történik az üzleteddel – és az alkalmazottaiddal – amikor ezt csinálod, észreveheted, hogy leáll az energiaáramlás. Megszűnik a pénzáramlás, összeszűkülnek a dolgok, és semmi nem lesz igazán örömteli. Ez azért van, mert próbálsz mindenhez ragaszkodni. Az üzletet következtetésből, kontrollból és ítélkezésből csinálod, ahelyett, hogy éberségből, kérdésből, választásból és végtelen lehetőségekből tennéd.

Amikor valakit az erejébe emelsz, ez hozzájárulás lesz neki is, és az üzletnek is. Megengeded, hogy megmutatkozzon a hozzájárulás neked is, és nekik is. Ha kérdéseket teszel fel a személyzetednek, és az éberség teréből működsz, a válaszok szilárdsága helyett, létrehozod az erőbe emelés energiáját az egész vállalkozásban, ami megengedi, hogy mindenki teljesen önmaga legyen.

Biztasd az embereket, hogy azt csinálják, amiben jók

Biztasd a személyzetedet, hogy olyan dolgokat csináljanak, amiben jók. Az emberek szeretik létrehozni a saját munkáikat. Ha valaki azt csinálja, amit szeret, a munka invitálássá válik; örömteli lesz, és ez kiterjeszti az üzletet. Mindenkinek megvan a saját perspektívája. Ha lenne egy rakat emberem, és megkérnék mindenkit, hogy csináljon meg egy bizonyos munkát, minden egyes ember máshogy látna neki. Így néz ki a kiterjedés. Ez azt jelenti, hogy mindenkinek lesznek ötletei arról, hogy hogyan kéne a dolgokat csinálni, és ezek neked lehet eszedbe se jutottak volna. Mi lenne, ha befogadnád azt a különbséget, amit minden egyes ember nyújtani tud?

Te hogy csinálnád?

Amikor arra biztatod az embereket, hogy azt csinálják, amit szeretnének, létrehoz egy teljesen más energiát, mint az, amikor megmondod nekik, hogy mit csináljanak. Ha egy alkalmazottam megkérdezi tőlem, hogy hogy csináljon valamit, legtöbbször azt válaszolom, hogy: **„Te hogy csinálnád?".** Amikor felteszed ezt a kérdést, be tudod fogadni az ő perspektíváját.

A minap volt egy találkozóm valakivel, aki velünk dolgozik. Megkérdezte: „Tudnál mondani valamit arról, hogy mik a prioritásaid?".

Megkérdeztem: „Hát, te min dolgozol?".

Elmondta az öt különböző dolgot, amin éppen dolgozott.

Megkérdeztem: „Mit szeretnél csinálni?".

Azt mondta: „Ezen és ezen szeretnék dolgozni, mert úgy látom, hogy ebbe az irányba mozdulnak a dolgok".

Én azt mondtam: „Remek, csináld ezeket".

Még aznap kaptam egy emailt, amiben ezt írta: „Rendkívül hálás vagyok, hogy megengedted, hogy én válasszam ki a prioritásaimat".

Ha megkértem volna, hogy csináljon valamit, amit nem akar, jól csinálta volna? Gyorsan megcsinálta volna? Lelkesen csinálta volna? Nem valószínű. Hajlandó voltam megengedni neki, hogy néhány feladatot ne végezzen el, amiről azt gondoltam, hogy meg kéne csinálnia, mert tudom, hogy ha azt csinálja, amit szeret, és amit fontosnak lát, jól fogja csinálni, és ez sokkal nagyobb hozzájárulás lesz, mint amit meg tudnék tőle követelni.

Amikor egy olyan térből működsz, ahol nem parancsokat adsz ki, invitálod a hozzájárulást, és egy kiterjesztőbb energiát hozol létre az üzletedben. Tegyél fel kérdéseket a személyzetednek, mint például:

+ Miben tudnál hozzájárulni ehhez a projekthez?
+ Milyen ötleteid vannak?
+ Mit szeretnél, pontosan hogy nézzen ez ki?
+ Mit jelent neked ez pontosan?

Használd a *pontosan* szót a kérdéseidben. Ezáltal az illető azt fogja definiálni, ami neki igaz, és ez több információt és éberséget ad neked arról, hogy ő mit fog és mit nem fog megcsinálni.

Amikor így az erejükbe emeled az embereket, kinyitod az ajtót arra, hogy megkérdezzék: „Miben tudok hozzájárulni?". Ez hatalmas szerepet játszik egy üzlet sikerességében. (Mellesleg az, hogy megkéred az embereket, hogy osszák meg az ötleteiket és észrevételeiket, nem jelenti azt, hogy ezeket meg is kell valósítanod; ez egyszerűen annyit jelent, hogy több információd és szélesebb perspektívád lesz.) Ha hajlandó vagy kérni és befogadni a hozzájárulásukat, sokkal több minden fog megjelenni számodra és számukra.

Amikor arra biztatod az embereket, hogy azt csinálják, amit szeretnének, létrehoz egy teljesen más energiát, mint az, amikor megmondod nekik, hogy mit csináljanak.

Tizenhetedik fejezet

Egyezség és teljesítés

Sokan azt hiszik, hogy ha kedvesek és jóindulatúak, mások is kedves és jóindulatú dolgokat fognak teljesíteni nekik, így megkapják, amire vágynak. Azt gondolják, hogy ez a mondás: „Úgy viselkedj másokkal, ahogyan szeretnéd, hogy ők viselkedjenek veled" működik. Vagy azt gondolják: „Ha elég kedves vagyok vagy elég jó, vagy jól csinálom, minden teljesen rendben lesz." Nem! Ha te is kipróbáltad ezt a megközelítést, már valószínűleg rájöttél, hogy nem működik. Amikor az „úgy viselkedj másokkal"-ból működsz, nem arra nézel rá, hogy mi fog valójában történni. Az a fantáziád, hogy a végkimenetel jobb lesz, mint ami ott éppen lehetséges. Elhiszed, hogy valaki nagyszerűbben fog teljesíteni, mint ahogyan valóban teljesíteni fog.

Mi az egyezség?

Ahelyett, hogy fantáziavilágból üzletelsz, invitállak, hogy használd azt a megközelítést, amit egyezség és teljesítésnek nevezünk. Arról szól, hogy tudod, hogy mire vágysz, mik az igényeid, kérdezel, és felismered, hogy a másik mit képes és fog teljesíteni. Így meg tudod kerülni azokat a fantáziákat, amikkel te és a másik személy rendelkeztek, tehát rá tudsz nézni, hogy mi is az egyezség, és mit kell teljesíteni mindkét oldalon.

Valahányszor szerződést vagy bármiféle megegyezést csinálok bárkivel bármiről, megkérdezem: „Mi az egyezség? Pontosan mire vágysz és mit igényelsz tőlem? Mit kell teljesítenem? Pontosan mit fogsz teljesíteni?". Rendkívül fontosak a kérdések, hogy tisztán lásd a dolgokat. Amikor csak kijelented, hogy mik az igényeid, feltételezed, hogy a másik fél hall téged. Ez mindig hiba. Le kell tisztáznod, hogy mik az igényeid, mit fogsz teljesíteni, és azt is tisztán meg kell fogalmazni, hogy a másik fél mit fog teljesíteni. Ilyesféle kérdéseket érdemes feltenni:

+ Mi az egyezség?
+ Mit fogsz nekem teljesíteni?
+ Teljesíted, amit akarok?
+ Olyat kérek, amit nem tudsz teljesíteni?
+ Mik is itt a pontos feltételek?
+ Mi az, amire vágysz és igényelsz tőlem?
+ Mit kell teljesítenem, hogy megkapjam, amit szeretnék?
+ Tudom teljesíteni, amit te szeretnél?
+ Miről kell itt tudnom?
+ Van bármi, amit nem vagyok hajlandó kérni?

Pénz

Az egyezség és teljesítés megközelítés főleg akkor fontos, amikor pénz is van a képben, mert az emberek hajlamosak csak nagyvonalakban beszélni a pénzről. Soha nem fogalmaznak tisztán. Összezavarodást teremtenek, így fogalmad sem lesz, hogy mennyibe is fog kerülni, pontosan hogyan is fog valami kinézni, vagy hogy mikorra lesz teljesítve. Én soha nem fogalmazok nagyvonalakban a pénzről. Nagyon pontos vagyok. Teljes tisztánlátásra törekszem. Ilyen kérdéseket használok:

+ Hogy érted?
+ Ez pontosan hogyan is fog kinézni?
+ Ez pontosan mennyibe fog nekem kerülni?

A pontos összeget kérem. Így később nem tudnak azzal megkeresni, hogy: „Oh, az extra elvégzendő dolgokról nem beszéltünk".

Ha tudni szeretnéd, hogy mi fog történni,
kérdéseket kell feltenned.

Fog ő teljesíteni?

Amikor valaki olyasmit mond, hogy: „Szeretnék veled dolgozni", derítsd ki, hogy pontosan hogy értik ezt. Lehet, hogy arra gondol, hogy szeretne együtt utazni veled (a te költségedre), és cserébe viszi a táskáidat. Nagy eséllyel nem erre van szükséged!

Tegyük fel, hogy felveszel valakit, hogy sétáltassa a kutyádat. Érdemes ilyenkor megkérdezni:

+ Hogyan tervezed teljesíteni?
+ Mikor fogod sétáltani a kutyát?
+ Ez hogy fog kinézni?

+ Heti hány alkalommal fogod megcsinálni?

Nem érdemes feltételezni, hogy úgy fogja a kutyát sétáltatni, ahogy te szeretnéd. Derítsd ki, hogy mi van a fejében. Amikor egyezség és teljesítésből működsz, letisztázhatod magadnak, hogy mire vágysz, és képes vagy kideríteni, hogy a másik fél teljesíteni fogja-e, amit szeretnél. Megteszi, amit kérsz tőle? Teljesíti, amit szeretnél? Légy hajlandó ránézni, hogy mi történik, és kérdezd meg: „Ő teljesíteni fogja, amire vágyok?".

Ha valaki felajánlja, hogy megcsinál neked valamit, mondd: „Ez remek. Mi az egyezség? Mit szeretnél ezért?". Ne kerülj olyan helyzetbe, hogy valaki megcsinál neked valamit, és amikor elkészül, benyújt neked egy sokkal magasabb összegű számlát, mint amit vártál. Kérdezd meg előre: „Rendben, mi az egyezség?". Neked tiszta lesz. Neki is tiszta lesz.

Soha ne konfrontálódj

Egy jóbarátom szeretett volna valamit elintézni az üzletében. Talált egy hölgyet, aki azt mondta, teljesíti, amire szüksége van. A férfi azt hitte, hogy megegyeztek abban, hogy mennyibe fog kerülni; ámde a hölgynek teljesen más volt a megértése a dologról. Egy négyszer akkora számlát küldött a barátomnak, mint amire számított. Kiakadt és konfrontálni akarta a nőt, hogy meglássa, hogy nem a megegyezésük alapján teljesített.

Ez volt az elképzelése: „Ha konfrontállak, meglátod, hogy tévedtél". Az egyetlen gond ezzel a megközelítéssel, hogy a konfrontáció soha nem működik. Amikor konfrontálsz valakit vagy szembemész vele, automatikusan védelmeznie kell a választott pozícióját. Az emberek csak onnan látják a dolgokat, ahonnan látják. Onnan nem képesek rálátni, ahonnan te. Soha senki nem fogja teljesen megérteni a te nézőpontodat, sem megváltoztatni a saját nézőpontját azért, mert te kifejezted a tiédet. A lényeg, hogy ha konfrontálódsz, a másik félnek igazolásba és védekezésbe kell mennie.

„Összezavarodtam. Tudsz nekem ebben segíteni?"

Valahányszor beszélni készülök valakivel arról, ami zajlik, elkerülöm, hogy konfrontációba menjek. Az első dolog, amit ilyenkor mondok:

+ Összezavarodtam. Tudsz nekem ebben segíteni?

Felveszem azt a pozíciót, hogy segítségre van szükségem – lemaradtam valamiről. Elvesztettem a fonalat. Valamit nem értettem. Amikor ezt a nézőpontot veszed fel, a másik fél mindig megpróbálja kitölteni a hiányzó elemeket. Megpróbál segíteni neked, és hozzájárulni. A finomabb megközelítés megengedi, hogy több információ jelenjen meg. Csupán tisztánlátást és éberséget szeretnél; nem helyes, helytelenről vagy nyertes, vesztesről szól.

Nemrég frusztrált, amikor kaptam egy e-mailt egy munkatársamtól. Nekem úgy tűnt, mintha valakivel udvariatlan lenne. Nem konfrontálódtam, és nem kértem, hogy magyarázza meg, amit írt. Helyette azt mondtam:„Összezavarodtam. Tudsz nekem ebben segíteni?", és ezáltal megtudtam, hogy nem volt kapacitása arra, hogy megcsinálja azt, amiről azt hittem, hogy tudja, hogyan kell. Most, hogy megvan az információ, találhatok valaki mást, akinek van kapacitása teljesíteni azt, ami szükséges, mindenféle kiakadás, konfrontáció vagy igazolás nélkül. Ez a megközelítés megengedi, hogy megjelenjenek a végtelen lehetőségek. Sokkal kiterjesztőbb, mint a konfrontáció, vagy mintha nem lennél éber egy olyan szituációra, amiben szükség lenne a figyelmedre. Lényegében ez a több éberségről szól.

Az egyetlen alkalom, amikor a konfrontáció hasznos lehet akkor van, ha szeretnéd, hogy valaki meglássa, hogy veszíteni fog, ha továbbra is azt választja, amit választ. Például néhányan azt választják, hogy tompák, amikor pénz kerül a képbe. Olyan helyzetet akarnak létrehozni, ahol összezavarodsz azzal kapcsolatban, hogy mennyibe fog az adott dolog kerülni, így „nyerhetnek". Az általuk teremtett összezavarodás segít nekik a fenntartani a megtévesztést. Ha ilyen történik, segíthet, ha intenzitással azt mondod: „Nem értem, hogy mit akarsz. Mi a *#@!-t kérsz?". Ez tisztába teheti, hogy mi is pontosan az egyezség.

Soha ne igazolj

Amikor azt kéred, hogy teljesítsenek neked valamit, csábító lehet elmagyarázni, igazolni, hogy miért szeretnéd egy pontos módon az adott dolgot. Azt hiheted, hogy ha elmagyarázod, hogy miért szeretnéd, ha úgy csinálnád, segít abban, hogy azt kapd, amit szeretnél; például, lehet azt mondod: „Jó minőségben szeretném kinyomtatni ezt a szórólapot, vastag papírra, mert azt szeretném, hogy az üzletem egy rendkívül sikeres szervezet képét mutassa, ami a dolgokat a lehető legjobb módon csinálja". Amikor meg akarod értetni az emberekkel, hogy mit választasz, igazolod minden egyes cselekedetedet. Ne igazolj és ne magyarázkodj. Csak mondd el, ami neked igaz.

Csupán ennyi: „Ezt a szórólapot jó minőségben, vastag papírra kérem nyomtatni".

Függetlenül attól, hogy üzleti vagy privát kapcsolataidról van szó, pontosan mondd el az embereknek, hogy mire van szükséged. Azt mondod: „Erre van szükségem, hogy ez a kapcsolat működni tudjon". Nem arról szól, hogy „A szeretet mindent legyőz". És nem is arról, hogy „Ha kimutatom neki a szeretet, amire szüksége van, minden rendben lesz". Ilyenkor fantáziavilágban működsz. Lépj bele a jelenlétbe, és lépj túl a fantáziákon. Így képes leszel megteremteni azt, amire vágysz. Amikor igazolod, hogy mire van szükséged, megpróbálsz indirekt módon konfrontálódni a másik féllel.

Az igazolás nem működik, mert az lehetetlen, hogy a másik képes követni a te személyes logikádat. Az emberek nem képesek meglátni a te nézőpontodat, mert megvan nekik a sajátjuk. Vagy harcolniuk kell azzal, amit mondasz, vagy fel kell adniuk a nézőpontjukat, hogy igaznak láthassák, amit te mondasz. Ezek közül egyik sem hozzájárulás a kapacitásukhoz, hogy teljesítsék, amit szeretnél.

Erre van szükségem. Tudod teljesíteni?
Ahelyett, hogy igazolnád, hogy mire vágysz, ami egyébként olyan, mintha azt mondanád: „Helyes a választásom, és szeretném, ha te is látnád, hogy igazam van", egyszerű mondd ezt: „Ezt választom, mert erre van szükségem". Ennyi. Nincs szükség se magyarázkodásra, se igazolásra. „Erre van szükségem. Tudod teljesíteni?" A másik fél ilyenkor megérti, hogy mit kell tennie az egyezmény működtetése érdekében,

és képes választani, hogy teljesítse, amire szükséged van, vagy nem.

Soha ne keresd mások jóváhagyását

Ugyanez igaz, ha próbálod elérni, hogy mások jóváhagyják az igényeidet. Ne is törődj vele! Nem fog megtörténni. Inkább fogalmazz tisztán és pontosan a kommunikációd során, és derítsd ki, hogy mi az egyezség. Tisztán és egyszerűen fejezd ki az igényeidet. Tisztázd le, hogy nekik mik az igényeik. Tegyél fel kérdéseket, és legyél éber, hogy mit képesek és mit nem képesek teljesíteni.

Soha ne konfrontálódj, soha ne igazolj és soha ne keresd a jóváhagyást.

Tizennyolcadik fejezet

Bízni a tudásodban: megszerezni az információt, amire szükséged van

Az üzletben fontos bízni abban, amit tudsz. Ki tudja a legjobban? A könyvelőd? Az ügyvéded? Valaki az iparágadban? Nem. Te tudod! Képzeld el, milyen lehetne az üzleted, ha bíznál magadban. Több pénz lenne, vagy kevesebb pénz lenne? Bulisabb lenne, vagy kevésbé lenne bulis?

Ismerek egy hölgyet, akinek közös üzlete van a férjével és egy másik férfivel, aki önmagát üzleti szakértőnek tartja. Annak ellenére, hogy ő és a férje a tulajdonosok, a másik férfinek nagyon erős véleményei vannak arról, hogy hogyan kéne a dolgokat csinálni.

Egyszer azt mondta nekem: „Olyan, mintha mindig magyarázatot várna arra, hogy miért szeretnék bizonyos dolgokat megcsinálni. Nincs kedvem meggyőzni arról, hogy úgy kéne csinálni, ahogy én szeretném, ezért inkább az ő módszerét választom. De ettől pocsékul érzem magam. Régebben élveztem, hogy együtt üzletelünk. Most már utálom".

Megkérdeztem: „Jól értem? Te és a férjed vagytok a tulajdonosok?".

Azt mondta: „Igen".

Erre én: „Tehát, az erő és a kontroll nálad és a férjednél van. Mi lenne, ha ahelyett, hogy az ő módszerét választod, a véleményét információként kezelnéd, amiért hálás vagy, és aztán a saját tudásod alapján mennél tovább?". Ilyenkor működne az egyezség és teljesítésből. Meghozná a saját választásait, és kifejezné, amire vágyik, magyarázat, igazolás vagy konfrontáció nélkül.

Mi mást kell még itt tudnom?
Fontos, hogy bízz magadban, és hogy elismerd, amit tudsz. Ezzel együtt fontos, hogy tegyél fel kérdéseket, és beszerezd az információt, amire szükséged van. Lehet érdemes beszélned egy könyvelővel, ügyvéddel vagy valakivel az iparágadban, hogy megtaláld, amit szeretnél tudni. Néhányan szeretnének úgy kinézni, mintha mindent tudnának az üzletről. Én az ellenkezője vagyok. Ha megjelenik valami, amiről nem tudok,

megkérdezem: „Mi ez? Te mit tudsz erről?". Figyelj mindenkire, és tudni fogod, hogy a közlendőjük energiája illik-e ahhoz, amit te szeretnél.

Ha összezavarodtál, mérges vagy, kiakadtál, vagy valami az üzletedben furcsának vagy kényelmetlennek érződik, nagy eséllyel több információra van szükséged. Általában egyenesen ítélkezésbe mennek az üzletemberek, ha összezavarodnak, kiakadnak, vagy megpróbálják magukat vagy valaki mást rosszá tenni. Valójában valamilyen információ hiányzik nekik.

Ha bármikor összezavarodsz vagy kiakadsz, kérdezéssel tudod megoldani. Lehet, hogy egy alkalmazottad felbosszantott valamivel. Esetleg egy projekt elakadt, és nem tudod, hogyan mozdulj tovább. Ha hajlandó vagy feltenni pár kérdést, tisztábban fogod látni a helyzetet, és képes leszel éber választásokat hozni. Ha több információra van szükséged, kérdezd meg:

+ Mi mást kell még itt tudnom?
+ Kivel kell beszélnem?
+ Milyen éberségem van, amit eddig nem voltam hajlandó elismerni?

Megkérdezheted ezt is:

+ Mi a jó ebben, amit nem veszek észre?
+ Mit nem vagyok hajlandó érzékelni, tudni, létezni és befogadni?

Van itt egy hazugság?

Ha mérges vagy frusztrált vagy, jelenetheti azt is, hogy van itt egy hazugság. Kérdezd meg:

+ Van itt egy hazugság?

Nem kell tudnod, hogy mi a hazugság. Csak meglesz az éberséged, hogy van itt egy hazugság, ami fontos információ. Ha még több kérdést teszel fel, még több éberséget befogadhatsz. Valójában ez rendkívül egyszerű. Amint megvan a szükséges információd, akkor is, ha rossz hír, akkor is, ha megtudod, hogy egy millió dollár tartozásod van, tudni fogod, hogy mit kell generálnod. Tudni fogod, mit kell megváltoztatnod.

Van itt egy hazugság, amihez kapcsolódik egy igazság?

Kerültél már olyan helyzetbe, hogy valaki azt mondta neked, hogy „Oh, ez egy remek ajánlat. Rengeteg pénzt fogsz ezzel keresni!". Valami jónak tűnt az ajánlatban, és valami meg nem túl jónak. Ez egy igazság volt, amihez kapcsolódott egy hazugság. Láttad a helyeket, ahol rengeteg pénzt kereshetsz. Ez volt az igazság. Az igazsághoz kapcsolódó hazugság, ami nem volt szavakba öntve az volt, hogy: „A pénz a következő három-öt évben még nem fog megérkezni hozzád".

Láttál már olyan ingatlanhirdetést, amin egy gyönyörű ház volt az óceánnal a háttérben? Jól hangzik, nemde? Egy gyönyörű ház, de az óceánt csak akkor fogod látni, ha két méter magas vagy, és lábujjhegyen állsz a veranda bal oldalán egy bizonyos helyen. Ez egy igazság, amihez kapcsolódik egy hazugság. Ha egy találkozón vagy projektmunka során furcsa érzésed lesz, kérdezd meg:

+ Van itt igazság, amihez kapcsolódik egy hazugság?

Nem kell rájönnöd, hogy mi az igazság vagy a hazugság. Csak kérd az igazság és a hazugság energiáját, és elpusztíthatsz és nem teremtetté tehetsz mindent, ami nem engedi, hogy meglegyen a szükséges éberséged.

Mi a jó ebben, amit nem veszek észre?

Ez a kérdés megkerüli azt az elképzelést, hogy valaki vagy valami „rossz", a szituációtól függetlenül. Soha nem rossz semmi. Soha nem követsz el valójában hibákat; folyamatosan tanulsz, és éberebbé válsz. Amint odamész, hogy azt gondolod, hogy valami rossz, ítélkezel. Bevágod az ajtót minden lehetőség előtt, ami kijöhetne a szituációból. Kérdezd meg:

 ◆ Mi a jó ebben, amit nem veszek észre?

Vannak például olyan idők, amikor energetikailag nem passzol valakivel, hogy folytassa egy bizonyos üzletben a munkát. Néhányan ezt veszteségként fogják fel: „Oh ne, ő azt választja, hogy elhagyja az üzletet", vagy „Oh ne, ki kell őt rúgnunk", vagy bármi is legyen a szituáció. Ne menj bele abba az ítélkezésbe, hogy hiba lenne kirúgni őt, vagy hogy szomorú, hogy elmegy. Mi van, ha ez egy kiterjesztő választás az üzletednek, és neki is? Lehet, hogy a távozása teret és energiát nyit arra, hogy valami más jelenlen meg, mindenkinek.

Egy barátom jó ideje magas pozícióban dolgozott egy olajvállalatnál, amikor otthagyta őket. Amikor azt választotta, hogy visszatérne az iparhoz, nem ismerte az új rendszereket, amiket használtak. Elment jó pár interjúra, és az egyetlen ajánlat, amit kapott, három hónapra szólt, jóval kevesebb pénzért, mint amit szeretett volna. Ahelyett, hogy belement volna ennek a rosszaságába, és abba, hogy mennyire kevés pénzt keresne, megkérdezte, hogy „Mi a jó ebben, amit nem veszek észre?".

Rájött, hogy máshogy is ránézhet a helyzetre. Kapott három hónap fizetett tréninget, hogy megismerje a szükséges rendszereket, így három hónappal később, amikor lejárt a szerződése, képes volt sokkal több pénzt kérni. Azt mondta: „Ez valójában erőt és potenciált ad abban, hogy képes legyek magamért választani. Tudom, hogy remek munkahelyet fogok találni, amint megismerem az új rendszereket, amiket az iparág használ".

Mi a jó bennem, amit nem veszek észre?

A „Mi a jó ebben?" kérdést önmagaddal kapcsolatban is használhatod. Idegesít valami, amit csináltál? Kikövetkeztetted, hogy hibáztál? Azt hiszed, valami rosszat tettél? Hibásnak érzed magad? Ez a kérdés hozzásegít, hogy lásd magad egy másik nézőpontból, és kinyithatja az ajtót néhány új lehetőség irányába. Kérdezd meg:

♦ Mi a jó bennem, amit nem veszek észre?

Ez a kérdés/eszköz arra való, hogy kihozzon az önbírálatból. Ez egy remek kérdés, amit feltehetsz, ha éppen rosszá próbálod tenni magad. Mi van, ha soha nem vagy rossz? Mindig van benned valami nagyszerű. Mi lenne, ha használnád ezt az eszközt, hogy éber legyél valamire, amit eddig nem voltál hajlandó elismerni magaddal kapcsolatban? Többet vagy kevesebbet teremtene az üzletednek és az életednek?

Remélem, használni fogod ennek a fejezetnek a kérdéseit, hogy letisztázd az üzleti problémáidat, és hogy megszerezd a szükséges információkat. Ha folyamatosan, éberséggel használod őket, még erősebben elkezdesz bízni abban, amit tudsz. És ez több pénzt, több szórakozást és még több üzlet örömét jelent!

Ki tudja a legjobban? Te!
Képzeld el, hogy nézne ki az üzleted, ha bíznál
magadban.

Tizenkilencedik fejezet

Válassz önmagadért

A legtöbb ember félreazonosítja az éberséget. Azt hiszik, hogy az éberséget az hozza létre, ha következtetésekbe, kontrollba és ítélkezésbe mennek ahelyett, hogy választanának és kérdeznének. A következtetésből működés így néz ki: „Mi ezt így csináljuk. Mindig így csinálták. Nem változtatunk meg semmit. Legutóbb is működött, úgyhogy ismét ugyanígy fogjuk csinálni".

Mondjuk van egy standod egy kiállításon. Ha következtetésből és kontrollból működsz, így nézhet ki: „Tavaly nagyon jól sikerült. Csodás standunk volt. Ugyanazon a helyen kell lennünk idén is, és ugyanazt kellene csinálnunk, mert tavaly is ezzel keltettük fel az emberek érdeklődését". Ebben a megközelítésben van bármekkora helye is az éberségnek vagy a változásnak? Nem!

Az éberségből működés így nézne ki:„Ez az expo csodás volt tavaly. Idén is csodás lesz, vagy van most itt valami más, amire még figyelnünk kéne?". Itt egy következtetést se lett meghozva. Hajlandó vagy megjelenni a kiállításon, vagy akár lemondani is. Hajlandó vagy megengedni, hogy teljesen máshogy nézzen ki, mint tavaly.

Döntés és választás

Gyakran összekeverik az emberek a döntést és a választást. Ez főleg akkor jellemző, ha a döntések mélyen beleivódtak valakinek a családjába, kultúrájába vagy iparába. A döntés az ítélkezés rokona. Ennyi: „Én ezt csinálom!", bumm! Nincs lehetőség változásra. A döntés becsukja az ajtót a lehetőségek előtt. Nincs más teendő. Egy választás, másrészt, egy olyan dolog, amit egy pillanat alatt meg lehet változtatni.

Egy olaszországi Access Consciousness kurzus résztvevője azt mondta: „Olyan helyen lakok, ahova az emberek nyaralni járnak nyáron, így én csak nyáron dolgozok. Még autóra sincs szükségem, de emiatt nem vagyok képes más helyekre eljutni, hogy egyéb munkákat találjak. Hogyan tudnám ezt megváltoztatni?".

Azt válaszoltam: „Választással! A választás teremti az éberséget; az éberség nem teremt választást. Itt egy egész bolygó, és csak azért, mert te Olaszországban születtél egy gyönyörű üdülőövezetben, nem muszáj ott maradnod. Bármit megváltoztathatsz. Az, hogy 'a választás teremti az éberséget' azt jelenti, hogy éberséget teremtesz arról, ami lehetséges, amikor választasz. Kinyitod az ajtót új lehetőségekre, és a dolgok elvégzésének új módjaira. Ha nem hozol választást, soha nem lesz meg arról az éberséged, hogy még mi más jelenhet meg.

Ha azt mondod: 'Nem találok több munkát, mert ...', akkor minden, ami a mert után jön, egy igazolás arra, hogy miért nem választasz valami nagyszerűbbet. Úgyhogy én nem veszem be a történetedet, vagy bárki történetét arról, hogy miért nem tudtok azzal rendelkezni, amivel szeretnétek, az üzletetekben és az életetekben".

Az emberek gyakran belemennek az efféle igazolásba. Nemrég beszélgettem egy nővel, aki Ausztrália egy nehezen megközelíthető területén lakik. Folyamatosan azt hajtogatta, hogy az elkülönültsége volt az oka annak, hogy nem tudja teremteni az üzletét.

Megkérdeztem: „Mi lenne, ha nem használnád a lakhelyedet igazolásnak arra, hogy miért nem tudsz üzletelni? Nem muszáj elköltöznöd, hogy üzletet teremts. Nézz rá arra, hogy mi az, ami számodra elérhető. Mi a helyzet a közösségi médiával? Kezdj el blogolni, menj el rádióműsorokba, menj fel a Facebookra, Twitterre. Tegyél meg bármit, ami szükséges. Csinálj egy telekurzust. Mit intézményesíthetsz, hogy kiterjeszd az üzleted ma, függetlenül attól, hogy hol vagy?".

Ne használj döntéseket és igazolásokat. Tegyél fel kérdéseket:

+ Milyen korlátozásokat teremtettem?
+ Mit szeretnék valójában?
+ Mit kellene itt megváltoztatnom – és meg tudom én változtatni?
+ Mit teszek értékesebbé a sikernél, amit választhatnék?

A választás teremti az éberséget.

Magamért választok itt?

Beszéltem egy művésszel, aki Kanadából költözött Svájcba. Szeretett volna egy stúdiót vagy galériát nyitni. Egy olyan stúdiót szeretett volna, amit gyalog vagy biciklivel is könnyen meg tud közelíteni, és talált egy olyan helyet, ami nagyon tetszett neki. Csupán két percre volt a házától. Azt mondták a barátai: „Ez egy lakóövezet. Senki nem fog téged itt megtalálni. Senki nem fog eljönni megnézni az alkotásaidat, vagy hogy részt vegyen a tanfolyamaidon."

Azt mondta nekem: „Tudom, hogy nem igaz, de valahányszor eszembe jut, amit a barátaim mondtak, összezavarodok".

Megkérdeztem: „Igazság, bevetted az emberek kivetítéseit arról, hogy ez nem működhet?".

Azt mondta: „Igen".

Miután csináltunk együtt pár tisztítást, meglátta, hogy bízhat magában. Azt mondta: „A múltban mindig létrehoztam egy olyan teret, amiben kényelmes volt dolgozni, és mindig sikeres voltam. Soha nem kértem ki mások véleményét arról, hogy mit csinálok, és ez most sem szükséges".

Amikor magadért választasz, minden a helyére kerül. Amikor magad ellen választasz, vagy ha valaki másért választasz, elkezdenek pusztulni a dolgok. Kérdezd meg:

+ Magadért választasz?
+ Az üzletért választok itt?
+ Mit igényel az üzlet?
+ Mit igénylek én?

Nemrégiben egy általam ismert üzlet nem volt túl jó állapotban. A három tulajdonos tudta, hogy valami nagy dolognak meg kell változnia. Közülük ketten az üzlet bezárásának vagy akár veszteséggel való eladásának a lehetőségét fontolgatták. A harmadik tulajdonos azt mondta: „Én növekedésre fogom bírni ezt a céget! Ez az üzlet képes a működésre!". Önmagáért választott, és megkövetelte, hogy teljesen mindegy, hogy bárki más mit mond az üzletben, ő sikerre viszi a céget. Nem volt hajlandó bevenni mások nézőpontját. Hajlandó volt vezető lenni az üzletben és a saját életében is. Ez a megkövetelése, hogy az üzlet folytatódjon, teljesen más teret és lehetőségeket nyitott ki. Három héten belül elkezdtek megfordulni a dolgok. Egyre több megrendelés érkezett be, és elkezdett befolyni a pénz. Ez a hapsi magáért választott; nem volt hajlandó értékesebbé tenni mások nézőpontjait annál, amit ő tudott, hogy képes teremteni és generálni. Hányszor fordult elő, hogy leállítottad magad valaki más gondolatai alapján? Működött neked, hogy valaki mást értékesebbé tettél önmagadnál?

Bevenni mások nézőpontjait

Sokan vagyunk, akik elfogadtuk mások hozzáállását az üzlethez és a pénzhez. Mondjuk a szüleidnek volt egy kisvállalkozásuk, és ez volt a nézőpontjuk: „Generálhatsz magadnak egy megélhetőséget, de soha nem lehetsz gazdag". Vagy folyamatosan arról panaszkodtak, hogy milyen nehéz dolog üzletben lenni. Minden az üzletelés drámájáról és traumáiról szólt. Lehet, hogy elfogadtad ezeket a nézőpontokat igazként anélkül, hogy megkérdőjelezted volna a igazságtartalmukat. Vagy lehet, hogy figyelted az emberek működését a te iparágadban, és referenciapontokat hoztál létre az alapján, hogy ők hogyan intézték a dolgaikat. Előfordulhat, hogy mindezeket a nézőpontokat vagy hozzáállásokat úgy vetted magadra, hogy nem is voltál erre éber.

Amikor Ázsiából importáltam árukat, az emberek mindig azt mondták nekem, hogy olyan üzletet választottam, amiben rengeteg órát kell dolgozni, és hogy nagyon keményen kell majd dolgoznom. Ez elég nevetséges volt tudván, hogy mennyi időt töltöttem a tengerparton. Tudtam, hogy képes vagyok másképp csinálni a dolgokat. Szerencsémre ezeket a nézőpontokat nem vettem be! Még ha be is vetted mások nézőpontjait, ezeket nem teremtetté teheted, és elpusztíthatod őket. Ezt hogy csinálod? Használd a tisztító mondatot!

Azt mondják neked a családodban, a barátaid vagy az üzlettársaid, hogy nem lehetsz multi-milliárdos, akinek megvan mindene? Azt vetítik rád, hogy sose fogsz befutni? Hogy sose leszel sikeres? Vagy esetleg azt vetítik rád, hogy túl sok üzleted és projekted van, amik mind egyszerre zajlanak? Nem kell bevenned ezeket a nézőpontokat. Meglehet mindened, lehetsz sikeres, befuthatsz, és annyi projekted és üzleted, amennyit csak szeretnél! Bízz bennem, lehetséges! Te teremted a saját valóságodat, és te teremted a saját üzletedet.

Mit jelent neked az üzlet?

Amikor Joy of Business (Üzlet Öröme) kurzusokat facilitálok, gyakran felteszek olyan kérdéseket a résztvevőknek, mint például: „Mit jelent neked az üzlet?" vagy „Neked hogy néz ki az üzlet?". Azt mondom: „Kérlek, ne gondolkodjatok a válaszaitokon. Csak mondjátok ki hangosan, még akkor is, ha őrültségnek hangzik. Ezek azok a nézőpontok, amik korlátoznak titeket".

Nemrég megkérdeztem egy tanfolyamon: „Mi történne, ha lenne pénz az életedben?". Az egyik hölgy azt felelte: „Zsémbes lennék, mint a fene, és ki akarnám nyírni az embereket". Egy másik azt mondta: „Én lennék a magas pipacs, és ez megijeszt engem. Attól félek, hogy lelőnék a nyakamról a fejemet". A következő személy azt mondta: „Szabad lennék!". Eldöntötte, hogy ha lenne pénz az életében, szabad lenne. Mi van, ha már eleve szabadok vagyunk? Miután kifejezik a válaszaikat, megkérem őket, hogy pusztítsák el, és tegyék nem teremtetté. Ez hatalmas változásokat és éberséget tud eredményezni az embereknek az üzletükben és az életükben.

Próbáld ki te is. Írd le a válaszaidat az alábbi kérdésre:

Mit jelent neked az üzlet?

1. _____

2. _____

3. _____

4. _____

5. _____

6. _____

Most a tisztító mondat használatával pusztítsd el és tedd nem teremtetté a válaszaidat:

Mindent, ami ez, hajlandó lennél elpusztítani és nem teremtetté tenni, isten tudja hányszorosan? Helyes, helytelen, jó, rossz, POD, POC, mind a 9, rövidek, fiúk és túlontúl.

Kiként létezek itt?

Egyszer, amikor ezt a gyakorlatot csináltuk, egy hölgy azt mondta: „Rájöttem, hogy a legtöbb nézőpont, amit kifejeztem, nem is az enyém. Ezek az apám nézőpontjai. Úgy látom magam, mintha az apámként léteznék. Nem tudom, hogyan különüljek el tőle".

Megkérdeztem: „Arról van szó, hogy nem tudod, hogy hogyan különülj el tőle – vagy arról van szó, hogy eddig nem voltál hajlandó valóban tudni, hogy ki vagy te?". Aztán azt mondtam: „Ha azt veszed észre, hogy az üzlettel és pénzzel kapcsolatos nézőpontjaid nagyrésze apádtól származik, valahányszor üzlettel vagy pénzzel dolgozol, kérdezd meg:

♦ Kiként létezek itt?".

Ismerek valakit, aki ezt az anyjával csinálta. Úgy éreztem, hogy ő nem akar olyan lenni, mint az anyja, és ironikusan, pontosan ugyanolyan volt. Napokon keresztül használta ezt a kérdést. Csinált valamit, majd egyből megkérdezte: „Kiként létezek? Oh! Anyámként létezek". Utána ezt elpusztította és nem teremtetté tette, majd megkövetelte, hogy változzon meg. És meg is változott. Azt mondta: „Többé már nem veszem be az anyám nézőpontját arról, hogy kinek kéne lennem, vagy mit kéne csinálnom, mivel kéne rendelkeznem, vagy mit kellene teremtenem".

Amikor kijelented, hogy: „Nem akarok úgy üzletelni, mint az apám", pontosan azt a szituációt kéred, amit nem szeretnél. Ez azért van, mert az „akarni" szó eredetileg azt jelentette, hogy valamiből hiányod van. Azt mondod: „Nincs hiányom abban, hogy úgy üzleteljek, mint az apám". A szavaid teremtik a valóságodat. Ha folyton azt ismételgeted, hogy nem akarsz valamit, tudod mi lesz? Megteremted! Helyette használd ezt a kérdést: „Kiként létezek itt?", és amint éber vagy arra, hogy beveszed apád (vagy bárki más) nézőpontját, ezt pusztítsd el és tedd nem teremtetté.

Gyakorold a magadért választást

Gyakorold a magadért választást. Kezdd el kis dolgokkal. Kérdezd meg:

+ Van bármi, amit valaki másért választok?
+ Igazság, mit szeretnék itt választani?
+ Igazság, könnyedebb leszek ettől a választástól?

Hogy nézne ki az üzleted és az életed, ha ténylegesen önmagadért választanál? A mindenre való tudatosságról beszélek: tudatosság az üzletben és tudatosság a mindennapi életedben. Korlátozod az életedet, élésedet, valóságodat és üzletedet valaki más nézőpontja miatt? Most van itt az idő ezt megváltoztatni, és megtalálni, hogy mi működik neked? Üdvözöllek az élés és üzletelés kalandjában!

Kihez tartozik? Ez az enyém?

A „Kihez tartozik?" és az „Ez az enyém?" kérdések invitálnak, hogy éberré válj arra, hogy olyan érzelmeket érzel vagy olyan gondolataid vannak, amik nem a tieid. Miért? Mert a gondolataid, érzéseid és érzelmeid 99%-a nem a tiéd.

A minap egy barátomnál aludtam Melbourne-ben, amikor Access Consciousness kurzusokat facilitáltam ott. Hétfő reggel volt. Húztam a láncot és azt gondoltam magamban: „El se hiszem, hogy mennem kell dolgozni, ezt kell csinálnom. Azt kell csinálnom. El kell érnem a vonatot". Majd hirtelen azt mondtam: „Várjunk egy percet! Nem is kell vonatra szállnom!". Használtam az Access eszközt:

+ Kihez tartozik?

Rájöttem, hogy ezek a gondolatok, érzések és érzelmek nem is voltak az enyémek. Minden egyes olyan személyhez tartozott, aki felébredt hétfő reggel, és utált menni dolgozni. Amint feltettem a kérdést, meglett az éberségem, hogy szeretem, amit csinálok. Hirtelen sokkal több lett az energiám, sokkal inkább önmagamnak éreztem magam, és megjelent az öröm és könnyedség, ami én vagyok.

Ha mész egy találkozóra és idegesen, aggodalmaskodóan vagy kényelmetlenül érzed magad, kérdezd meg: „Kihez tartozik?". Lehet, hogy a vállalatigazgatóhoz, aki az asztalfőnél ül. Lehet, hogy az igazgatótanács egyik tagjához. Lehet, hogy a melletted ülő munkatársadhoz. Nem kell rájönnöd, hogy kié. Csupán arra kell ébernek lenned, hogy nem a tiéd, mert ahogy említettem, a gondolatok, érzések és érzelmek 99%-a nem a tiéd.

Íme egy élet-megváltoztató gyakorlat. A következő három napban, valahányszor van egy gondolatod, érzésed vagy érzelmed, kérdezd meg: Kihez tartozik?

Amikor felteszed a kérdést, észreveheted, hogy fellazul az érzés és megváltoznak a dolgok. Ez jelzi, hogy az adott gondolat, érzés vagy érzelem nem is a tiéd volt eredetileg. Amikor ez történik, nagyobb éberséged lesz arról, hogy mit szeretnél valójában generálni és teremteni az üzletedben és az életedben. Emlékezz: ha könnyed érzés, igaz. Ha nehéz, hazugság.

Amikor magadért választasz, valami nagyszerűbb jelenhet meg.

Huszadik fejezet

Válaszd az éberséget; ne a titkos szándékokat

A titkos szándékok olyan döntések vagy következtetések, amikre úgy jutunk, hogy nem is vagyunk rá kognitívan éberek. Például csinálhattál valamit az üzletedben, aztán eldöntötted, hogy „Ilyet soha többet nem fogok csinálni!", Vagy lehet, hogy dolgoztál egy iparágban és kikövetkeztetted, hogy „Ezt így kell csinálni. Egy vállalkozásnak így kell kinéznie". Ezek titkos szándékokká válnak. Ezeket a döntéseket meghozhattad az életed egy korábbi pontján, de gyakran ezek előző életekből származnak.

Például mondjuk azt, hogy egy előző életedben festő voltál. Imádtál festeni, de soha nem volt elég pénzed a túlélésre. Ez annyira elviselhetetlenné tette az életedet, hogy arra a következtetésre jutottál, hogy soha többet nem fogsz érdeklődni a művészetek után, mert ez nem ebből nem lehet megélni. Eltelik pár élet, és mi történik? Extrém módon vonzanak a művészetek. Imádod a festményeket, szobrokat, még egy nagyszerű munkád is van egy művészeti galériában, de semmit nem tudsz eladni, mert van egy titkos szándékod. Eldöntötted, hogy a művészetből nem lehet megélni.

Vagy lehet, hogy szeretnél egy saját vállalkozást, de azt mondták, hogy neked nem lehet üzleted, mert nő vagy. Szeretnél egy vállalkozást, de nem tudsz nekikezdeni. Mi tart vissza? Észre sem veszed, hogy bevetted az ítélkezéseket, amiket rád vetítettek, és eldöntötted, hogy a nők nem lehetnek sikeresek az üzletben. Azaz, van egy titkos szándékod. Ez jöhet az életed egy korábbi szakaszáról, de jöhet egy előző életből is. Nem számít. A titkos szándékok korlátoznak minket, és annyira titkossá tettük őket, hogy nem is tudjuk, mik ezek. Szerencsére nem bonyolult elbánni velük, ha szeretnéd elpusztítani és nem teremtetté tenni őket.

Mi a titkos szándékod?

Ha valami nem működik az üzletedben, kérdezd meg, hogy van-e titkos szándék (vagy következtetés vagy ítélkezés) valahol.

Milyen titkos szándékot hoztam létre, ami fenntart mindent, amit nem tudok megváltoztatni, választani vagy intézményesíteni? Mindent, ami ez, isten tudja hányszorosan, elpusztítom és nem teremtetté teszem. Helyes, helytelen, jó, rossz, POC, POD, mind a 9, rövidek, fiúk és túlontúl.

Te vagy az, akinek megvan a potenciálja, hogy megváltoztasson titkos szándékokat.

Ez a te választásod. Senki más nem tudja ezt megtenni neked.

Titkos szándékok az üzletedben

Előfordul, hogy a vállalkozások tulajdonosai nem szeretnének alkalmazni embereket vagy nem szeretnék, hogy legyen egy üzlettársuk, mert félnek a lehetséges félreértésektől, konfliktusoktól vagy problémáktól. Veled volt már ilyen? Mi lesz, ha nem jössz jól ki vele? Mi lesz, ha nem passzoltok eléggé? Mi lesz, ha kiderül, hogy van olyan titkos szándéka, ami konfliktusban van a te titkos szándékoddal?

Ha van egy üzleted, rá kell nézned, hogy van-e titkos szándékod. Kérdezd meg:

+ Mi a titkos szándékom az üzletemmel?

És ha valakivel együtt dolgozol az üzletedben (vagy tervezel), javaslom, hogy derítsd ki azt is, hogy neki van-e titkos szándéka. Kérdezd meg:

+ Mi az ő titkos szándéka velem?
+ Mi az ő titkos szándéka az üzlettel?

Nem kell, hogy a másik fél is a beszélgetés része legyen. Ez csak azért van, hogy éber legyél rá. Felteszem ezt a kérdést azoknak, akikkel együtt dolgozok, és ez információt és éberséget ad nekem. Ha használod a tisztító mondatot is mindegyik kérdés után, még jobban megnöveli az éberséged, és nagyobb lesz a rálátásod a választásaidra is.

Például észreveheted, hogy az üzlettársad ismert üzletasszony szeretne lenni. Ő ezt szeretné. Ha működik neked is az ő titkos szándéka, ez hozzájárulás lesz a cégnek. Ilyenkor megkérdezheted, hogy „Milyen hozzájárulás lehetek, hogy ő egy ismert üzletasszony legyen?". Ha például esélyes lenne, hogy ő legyen az év üzletasszonya, mondhatnád, hogy „Mesés! Milyen hozzájárulás lehetek ehhez?". Ha egy versengő démoni szuka lennél a pokolból, azt mondanád, hogy „Hogy lehet, hogy engem nem jelöltek? Ez nekem járt volna!". Ez mit teremtene? Ez elkezdené az üzletet pusztítani ahelyett, hogy hozzáadna valamit. Ha a társad titkos tervéhez való hozzájárulás támogatja az üzletet, te is sikeres leszel, amikor ő.

Mondjuk az üzlettársad egy csodás kapcsolódó, és szeretne sztár lenni. Szeretne igazán híres lenni. Nézz rá, hogy ez hozzájárulás lenne-e az üzletednek. Lehet, hogy nagyszerű embereknek fog bemutatni téged, ami elősegíti az üzleted növekedését! Amikor éber vagy mások titkos terveire, elősegítheted a haladásukat, ami aztán hozzájárulás lesz az üzletnek. Egyszerűen tedd fel a kérdést:

+ Milyen hozzájárulás lehetek?

Ha az üzlettársad vagy alkalmazottad titkos szándéka nem működik neked, nézz rá, hogy ezek valójában hozzájárulnak-e az üzlethez. A titkos szándéka pusztítja a céget? Amint ezt tudod, több információd és éberséged van. Tudod az egyik sötét titkát. Ha nem valaminek a pusztítása a titkos szándéka, kérdezd meg: „Hogyan tudom ezt használni?". Lehet, hogy ma még nem lesz meg az éberséged arról, hogy mire tudod használni, de megjelenhet egy hónapon vagy éven belül.

Emlékezz: minél éberebb vagy, annál több információval fogsz rendelkezni.

Konfliktusban vagy valakivel?

Ha konfliktusod vagy problémád van valakivel, akivel együtt dolgozol, érdemes lehet feltenned ezeket a kérdéseket, és használni a tisztító mondatot, hogy kitisztíts bármit, ami feljön.

+ Milyen titkos szándékom van _____-val/-vel?
+ Milyen titkos szándéka van _____-nak/-nek velem?
+ Milyen titkos szándéka van _____-nak/-nek a(z) [az üzleted neve]-val/-vel?
+ Milyen titkos szándékom van a(z) [az üzleted neve]-val/-vel?

Siker: magasabbra tudsz ugrani egy bolhánál?

Egyszer csináltak egy kísérletet bolhákkal. A kutatók bolhákat helyeztek átlátszó üvegdobozokba. A bolhák megpróbáltak kiugrani a dobozból, majd beleütköztek az üvegplafonba, és leestek a földre. Mindegy volt milyen magasra ugrottak, nem tudtak kiszabadulni. Amikor a kutatók végül levették az üveg fedelet, megfigyelték, hogy a bolhák még mindig ugyanaddig a magasságig ugrottak fel. Nem tudtad túljutni a falon, annak ellenére, hogy a lehetőségük megvolt rá. Hát nem érdekes? Te létrehoztál egy saját üvegplafont, amit nem vagy hajlandó átugrani? Eldöntötted, hogy „Nem lehetek sikeresebb a szüleimnél, a barátaimnál vagy a testvéreimnél?", vagy „Én ezt nem tudom megcsinálni, mert nő vagyok, vagy férfi vagyok, vagy mert túl fiatal vagy túl öreg vagyok?". Ezek mindazok a titkos szándékok, amik fenntartják, amit nem tudsz megváltoztatni.

Van egy olyan pénzösszeg, amiről eldöntötted, hogy túl kényelmetlen? (Ez is a titkos szándékok egyike.) Mi kellene ahhoz, hogy ez megváltozzon? Egyszer, miután már egy jó ideje adósságmentes voltam, a számítógépnél ültem, fizettem a számlákat. Ránéztem a bankszámláimra, és azt mondtam: „Azta! Már nincs adósságom!". A hitelkártya tartozásom ki volt fizetve, a vállalati számlámon is volt pénz, a takarékszámlámon is volt pénz. Azt gondoltam: „Oh, szóval ilyen érzés az, ha nincs adósságom. Hol a trombitaszó? És hol van a tűzijáték?". Azt hittem, hogy nagy szám lesz, ha adósságmentes leszek, de nem volt az. Szimplán annyi volt, hogy „Oh, most már van pénzem. Nem tartozom".

Egy hónappal később, ahogy éppen átnéztem a bankszámláimat, láttam, hogy ismét adósságban voltam. Megkérdeztem, hogy „Mi történt itt?". Rájöttem, hogy kényelmesebb volt adósságban lenni, mint hogy legyen pénzem. Levették az üvegdobozom plafonját, de még mindig nem ugrottam túl a falakon. Kérdések és a tisztító mondat segítségével valami mást választottam. Megköveteltem, hogy „Nem számít hogyan, lesz pénz a bankszámlámon. Sokkal több pénzem lesz, mint amit valaha lehetségesnek képzeltem". És ez kezdett megmutatkozni.

Nézz rá a jelenlegi életedre és a pénzre, ami a rendelkezésedre áll; vagy arra a pénzre, ami nem áll rendelkezésedre. Hányszor találod magad olyan helyzetben, hogy több számlád van, mint pénzed? Soha nem elég? Egy titkos szándékból működsz? Egyetértettél mindenkivel magad körül, mindenkivel, aki jelzáloghölcsönöket, vállalati hiteleket vesznek fel, és akik hitelkártya tartozást halmoznak fel? Kényelmesebb érzés olyannak lenni, mint mindenki más ahelyett, hogy kiugranál az üvegdobozból?

Hajlandó lennél annyira más lenni, amennyire valójában vagy, és teljes éberségből működni?

Ha hajlandó vagy teljes éberségből működni,
megváltozik az üzleted.

Huszonegyedik fejezet

Mit igényelnek az emberek?

Régebben, amikor Indiában vásároltam árukat, gyakran szóvá tették, hogy nő vagyok, és üzletelek. A legtöbb indiai férfinek nem kényelmes nőkkel üzletelni, gyakran a legfurcsább dolgokat mondták. Teljesen biztosak voltak benne, hogy soha nem leszek sikeres, és sokszor úgy gondolkodtak a fehér nőkről, hogy... hmm, mondjuk azt, hogy „könnyűvérű", mert házasság előtt is szexelünk. Így odafigyeltem, hogy mi szükséges ahhoz, hogy velük tudjak üzletelni. Figyelmesen választottam ki az öltözékemet, hogy mit mondok, és azt, ahogyan üzletelek. Amint rájöttek, hogy én voltam az, akinél a pénz van, és vásárolni szeretnék, lenyelték a büszkeségüket, udvariasan viselkedtek velem, és a világ legédesebb teáit hozták folyamatosan. Végezetül mindig jól kijöttünk. Hajlandó voltam érzékelni, hogy mit igényelnek, és ezt nyújtani nekik, nem ellenállásból és reakcióból, hanem éberségből és tudásból, hogy meg fogom kapni azt, amit szeretnék. Ez mind az üzlet öromeként létezés manipulációja és játéka.

Előfordul, hogy Ausztráliában és az USA-ban is találkozom olyan férfiakkal, akiknek nem kényelmes nőkkel dolgozniuk. Ha egy férfinek kényelmetlen velem dolgoznia azért, mert nő vagyok, hajlandó vagyok bármit megtenni, amitől számára kényelmes lesz. Arról szól a dolog, hogy rájössz, hogy mit igényelnek az emberek. Egyszer elmentem egy üzleti találkozóra Los Angelesbe egy férfi társammal, aki magántőke értékesítő. A férfi, akivel találkoztunk, háromszor is megemlítette, hogy neki nem gond nőkkel üzletelni.

Ahogy a társam és én kisétáltunk a találkozóról, hozzáfordultad, és azt mondtam: „Láttad, hogy ez a pasas nem szeret nőkkel üzletelni, ugye?".

„Nem", azt mondta, „én nem ezt láttam".

Azt mondtam: „Ha neked nem gond nőkkel üzletelni, akkor nem kell elmondanod háromszor. Egyáltalán nem kell mondanod! Teljesen rendben van. Most nálunk van az adu, mert tudjuk, hogy mire van szükség. Használni fogjuk. Mostantól kezdve, ő a te dolgod".

Mik az etikett szabályai

Fontos tudni, hogy mit igényelnek az üzletfeleid, főleg ha külföldön, más kultúrákban is dolgozol. Légy hajlandó ránézni, hogy mit igényelnek az emberek és a kultúrák az üzletben.

Egy kollégámmal nemrégiben eltöltöttünk egy napot üzleti tárgyalásokon Koreában. Megtanultam, hogy Koreában szeretnek nagyon barátságos kapcsolatokat teremteni az emberek, amikor üzletelnek. Olyan emberekkel szeretnek együtt dolgozni, akiket a barátjuknak tartanak, így egy potenciális ügyfelet nagyon barátságosan közelítettünk meg. A találkozó után egyből küldtem neki egy szívélyes e-mailt, és megköszöntem, hogy találkozott velünk. Fontos volt nekem, hogy ennek az embernek a barátja legyek? Nem. Ámde, ha ő egy barátságos üzleti kapcsolatra vágyik, képes vagyok neki ezt nyújtani. A koreaiak szeretik a rövidebb, gyakrabban történő találkozókat. Szeretnek többször találkozni, frissen tartani a kapcsolatot, így ezt is hajlandóak voltunk megtenni.

A koreai vásárlóval történő tárgyalásunk alatt tüsszentettem egyet. A koreai férfi rám nézett, és udvariasan azt mondta: „Egészségére".

Azt mondtam: „Köszönöm", de az energia hirtelen kényelmetlenné vált. Azt gondoltam: „Azta, mi ez az energia, ami most itt megjelent?".

A kollégám már sokat üzletelt Koreában, így a tárgyalás után megkérdeztem tőle: „Mi történt?".

Azt mondta: „Koreában nem illik nyilvánosan tüsszenteni".

Megkérdeztem: „És azt hogy csinálod, hogy nem tüsszentesz?".

Azt mondta: „Egyszerűen nem csinálod. Udvariatlanságnak tartják".

Tájékozódnak kell a helyi etikett szabályairól azokon a helyeken, ahol üzletelsz. Az etikett és a viselkedési normák rendkívül különbözőek a különböző országokban. Indiában például szabad köpni az utcán, Szingapúrban pedig ugyanezért 200$-ra megbüntetnek. A franciák és az olaszok mindkét orcára adnak puszit köszönéskor, a britek és az amerikaik inkább a kézfogást szeretik, a japánok pedig meghajolnak egymás előtt. Tudnod kell, hogy mit igényelnek ahhoz, hogy megteremthesd a könnyedség érzetét az embereknek. A legegyszerűbb módja annak, hogy tájékozódj minderről, ha kérdéseket teszel fel:

- Mit igényelnek tőlem ezek az emberek?
- Mi tisztelné meg őket, és mi tisztelne meg engem?
- Mivel kell itt hozzájárulnom, hogy egy jó üzleti kapcsolat jöjjön létre?

Egyszer Indiában 12 emberrel voltam üzleti tárgyaláson, és olyan indiai teát szolgáltak fel, ami nekem nem ízlett. Nem mondhatod, hogy: „Köszönöm, nem, én nem kérek teát". El kell fogadnod. Úgy próbáltam elbánni a helyzettel, hogy gyorsan megittam a teát, majd ettem rá egy édességet, amit szintén kínáltak. Azt viszont nem tudtam, hogy azt a jelet adtam, hogy a tea annyira ízlik, hogy szeretnék még inni, így azonnal újratöltötték a csészémet. Ki kellett volna derítenem a protokollt, és lassan kortyolni! Meg kellett volna kérdeznem: „Mit igényelnek itt?".

Az egyik beszállítóm egyszer szervezett egy hatalmas ünnepi vacsorát a tiszteletemre Nepálban. Levágtak egy kecskét; elvágták a torkát, ömlött kifele a vér, amit egy edénybe gyűjtöttek össze. (Akkoriban nagyjából vegetáriánus voltam.) A legfinomabb részének a kecskezsírt tartják, tehát kecskezsír falatokat sütöttek ki, amit beleraktak a kecske frissen fejt tejébe. Azt gondoltam: „Jaj, ne, most viccelnek velem?". Mivel nem akartam tiszteletlen lenni, el kellett fogadnom az ajándékukat. Megittam a meleg tejet, és megettem a kecskezsírt. Egy akkori barátom és útitársam levideózta az eseményt, és röhejesnek tartotta, mert pontosan tudta, hogy mi játszódik le a fejemben. Azonban, az én nézőpontom az, hogy a különböző kultúrák igényeinek tanulmányozása a része az üzlet és az élet kalandjának és örömének.

Hogyan öltözködj?

Az igények tanulmányozásába az is beletartozik, hogy hogyan öltözködsz. Minden egyes üzleti találkozón, ahol megjelensz, bárhol is legyen az, van egy elvárás azzal kapcsolatban, hogy hogyan kellene felöltöznöd. Mire van szükség, hogy létrehozd azt a rólad szóló ítélkezést, amitől ők hajlandóak lesznek befogadni téged és az üzletedet? Például – bár manapság már változnak a szokások – amikor én Indiában üzleteltem, a nők nem mutatták meg a vállukat, térdüket és könyöküket. A dekoltázsukat egyáltalán nem mutatták, de a derekuk kint lehetett. Én mindig megfigyeltem ezeket a szokásokat és elvárásokat.

Mielőtt elmennél egy üzleti tárgyalásra, még akkor is, ha egy nyugati országba mégy, ahol azt hiszed, hogy tudod, hogy mit vegyél fel, tájékozódj a cég kultúrájáról. Hogyan öltölköznek az emberek? Mire van igény? Szükséges a magassarkú? Kell öltöny vagy nyakkendő? Gyémántot vagy gyöngyöt vegyél fel? Úgy hallottam, hogy amikor az egyik nagy ausztrál légitársaság nőket interjúztat légiutaskísérő pozícióba, az interjúztatók megkérik a nőket, hogy álljanak fel, majd lassan forduljanak körbe, és megnézik a cipőik sarkát. Az a nézőpontjuk, hogy ha jól ápolt, és kicsit sem csorba a cipő sarka, akkor az illető igényes. Ő egy jó jelölt a munkára. Az ehhez hasonló látszólag apróságok hatalmas különbséget jelenthetnek abban, hogy hogyan kapcsolódnak veled az emberek! Bárhova mégy, fontos tájékozódnod a helyi igényekről, mert ez fogja teremteni és generálni a te és az üzleted sikerét.

Hozz létre egy kapcsolódást az emberekkel,
és tartsd fenn ezt a kapcsolatot.

Huszonkettedik fejezet

Manipuláció energiával

Néha megkérdezem a Joy of Business kurzusaimon, hogy „Hányan vagytok benne valamilyen módon az értékesítésben?". Néhányan felteszik a kezüket, majd azt mondom, hogy „Mindannyiótoknak fel kéne tenni a kezeteket, mert minden üzletnek köze van az értékesítéshez és az emberi kapcsolatok teremtéséhez. Az üzleted, akármi is legyen az, emberi kapcsolatokon és a terméked vagy szolgáltatásod értékesítésének alapszik".

Energiahúzások

Az egyik eszköz, amivel kapcsolódhatsz emberekkel, több vevőt vagy több eladást tudsz szerezni, hogy energiát húzol. Az energiahúzásokkal energetikailag elérhetsz emberekhez, és elérheted, hogy téged, a termékedet vagy a szolgáltatásodat érdekesnek találják.

Így használd őket:

+ Vedd az energiáját az üzletednek, projektednek, termékednek, szolgáltatásodnak, vagy bárminek, amit szeretnél kiterjeszteni.

+ Emlékezz: nem egyenlő veled! Egy különálló entitás.

+ Húzz masszív mennyiségű energiát az üzletedbe. Hogy csináld? Csak csináld!

+ Majd húzz masszív mennyiségű energiát mindenkitől a világ körül az üzletedbe, és folyamatosan húzd az energiát mindenkitől, aki ezt keresi, és mindenkitől, aki nem is tudja, hogy ezt keresi. Folytasd a masszív mennyiségű energia húzását.

+ Most kérd meg az üzletet, hogy egyenlítse ki az áramlást úgy, hogy energiát szivárogtat vissza mindenkinek a világ körül.

+ Kérd meg az üzletedet, hogy mutassa meg neked a pénzt. Kérd, hogy a vásárlók vagy kliensek jelenjenek meg, és hogy terjeszkedjen az üzlet.

Ha azt hiszed, hogy nem tudod, miről beszélek, amikor azt mondom, hogy „Húzz energiát", nézz rá a férfi-női kapcsolatokra. Észrevetted már, hogy amikor egy fiút érdekel egy lány, általában energiát tol felé? Amikor egy lányt érdekel egy fiú, általában energiát húz tőle. Ennyire egyszerű.

Dolgoztam egy olasz gazdával, akinek borászata van. Azt szerette volna, hogy több borász megismerje a termékét. Így magyaráztam el neki, hogy hogyan csinálja az energiahúzásokat: „Vedd az energiáját a növekvő szőlőknek és a zamatos bornak, ami lesz belőlük. Most húzz energiát az egész világból a borászatba. Amint ezt érzékeled, hogy zajlik, kérd meg a borászatot, hogy kezdjen el visszaszivárogtatni energiát mindenkinek, aki szívesen lenne hozzájárulás neked, a borászatnak és a vállalkozásnak.

Az energiahúzásokat arra is használhatod, hogy figyeljenek rád azok az emberek, akik szeretnéd, hogy tudjanak rólad. Használd az energiahúzásokat, amikor leendő kliensekkel találkozol, amikor tárgyalni készülsz, vagy amikor meghallgatásra mész. Tegyük fel, hogy egy ajánlatot fogsz bemutatni egy cégnek. Amint a találkozó reggelén felébredsz, kezdj el masszív mennyiségű energiát húzni mindenkitől, aki ott lesz, legyen szó igazgatótanácsról, menedzserekkel vagy a vezérigazgatóról. Nem szükséges tudnod, hogy kik lesznek azok. Amikor energiát húzol, bizalomérzetet kelt az emberekben. Aztán amint belépsz az ajtón, olyan érzés lesz nekik, mintha már ismernének. Tiéd a kontroll. Tiéd a figyelmük. Eddigre már létrehoztál egy kapcsolatot velük.

Ha egy vevőd késik a számlája befizetésével, szintén használhatod az energiahúzásokat. Amikor olyan emberektől húzol energiát, akik tartoznak neked, hirtelen nem lesznek képesek kiverni a fejükből. Hamarosan el fogják küldeni a pénzt, amivel tartoznak neked. Az energiahúzás manipuláció? Igen. Ha nem vagy hajlandó manipulálni az energiával, te leszel az, akit manipulálni fognak.

Ránézni az igényelt energiára

Ahogyan bánsz az energiával, gyakran nagy hatással van az eladás sikerességére, a szerződéskötésekre és a sikeres megállapodásokra. Hallottál már a megállíthatatlan brit vállalkozóról, Sir Richard Bransonról? Több mint 400 vállalata van, többek között a Virgin Records és a Virgin Atlantic Airways, részt vesz különböző környezetvédelmi és humanitárius projektekben a világ körül, és írt jó pár nagyszerű könyvet. Az önéletrajzi könyvében – *Losing My Virginity* („*A szüzességem elvesztése*") – Branson azt írta, hogy: „Az tesz érdekeltté az életben, hogy hatalmas, látszólag elérhetetlen kihívások elé állítom magam, és megpróbálok felülkerekedni rajtuk".

Branson ránéz a potenciális projektek és üzletek energiájára, és ha tudja, hogy valami lehetséges, egyszerűen visszautasítja a *nemleges* választ. Egy pillanatra sem veszi be, hogy *nem*. Nem csalódik vagy áll le a *nem* miatt. Ezzel együtt, nem érdekelt a végkimenetelben. Ha kap egy nemet, újra kérdez. És ismét. Ezen kívül kérdéseket tesz fel magának, mint például: „Mit csinálhatok másképp?", vagy „Mit igényelnek tőlem, hogy *igent* kapjak?". Ezzel a fajta megközelítéssel érdemes eljátszani.

Mit csinál Branson jól? Kérdésben él. Nem érdekelt a végkimenetelben. Hajlandó híres lenni, hajlandó gazdag lenni, hajlandó szegény lenni, hajlandó arra, hogy megítéljék, hajlandó a bukásra; és hajlandó mindeközben jól mulatni. Éli az üzlet örömét.

Neked hogy nézne ki az üzlet öröme?

Huszonharmadik fejezet

Férfiként vagy nőként üzletelsz?

Két elkülönülő módja van az üzletelésnek: a férfi és a női mód. Nem arról szól, hogy az illető milyen testben van. Gyakran előfordul, hogy egy férfi úgy üzletel, mint egy nő – vagy egy nő üzletel úgy, mint egy férfi. A férfi módja direkt. Szeretne azonnal a lényegre törni, és megadni vagy megkapni az információt. Annyit mond: „Bla-bla-bla", és kész is. A női mód arról szól, hogy nagyobb lélegzetvétellel beszél a dolgokról. Szeretné megbeszélni, hogy hogyan működhetnének a dolgok, és hogy mit érez a projekttel kapcsolatban. Megkérdezi: „Mit gondolsz erről?", és imádja, amikor tőle is ezt kérdezik.

A minap egy üzleti levelet írtam. Gary éppenséggel a vállam fölött ezt látta, és megkérdezte: „Kinek küldöd ezt az emailt? Férfinek vagy nőnek?".

Válaszoltam: „Nőnek".

Azt mondta: „Férfiként kezeled. Csak annyi információt adsz neki, amennyire szüksége van. Így a férfiak működnek. Ők annyit akarnak tudni, hogy 'Ezt megcsinálhatjuk, vagy nem?'. Egy nővel másképp kell kommunikálnod. Ők szeretik jobban átbeszélni a dolgokat".

Én hajlamos vagyok úgy üzletelni, mint egy férfi, és egyszer-egyszer előfordul, hogy valakiket megbántok ezzel. Ezt általában nem értem, és megkérdezem: „Hát itt mi történt?". Aztán rájövök, hogy valakit férfiként kezeltem, miközben ő nőként szeretett volna üzletelni. Ilyenkor teszek egy lépést visszafelé, megkérdezem, hogy van, mit csinált a hétvégén, és hogy érzi magát a projekttel kapcsolatban, amin dolgozunk. És azonnal megváltozik az egész.

Te hogy szeretnél üzletelni? A férfi vagy a női módot részesíted előnyben? Nézz rá azokra, akikkel együtt dolgozol. Ők férfiként vagy nőként üzletelnek? Ez nem ítélkezés. Nincs benne semmi helyes vagy helytelen. Ez csupán az éberséged szolgálja, hogy képes legyél az üzletedet nagyobb könnyedséggel és örömmel teremteni és generálni.

Nőként üzletelsz? Nem muszáj harapós szukának lenned!

Nőként üzletelsz? Azt gondoltad, hogy muszáj nagy, rossz, kemény üzletasszonynak lenned ehhez? Előfordul, hogy a nők azt hiszik, hogy muszáj pokolból származó démoni szukákká válniuk, hogy sikeresek legyenek az üzletben. Ez nem is állhatna messzebb az igazságtól! A nők nagyszerűen tudnak manipulálni az üzletben; elérik, hogy úgy menjenek a dolgok, ahogy ők szeretnék, és hogy mindenki más is támogassa az ötleteiket, terveiket. Gyakran nem fogják fel ezt a nők, és azt hiszik, hogy gusztustalan, gonosz emberré kell válniuk, hogy úgy menjenek a dolgok, ahogy ők szeretnék. Ez nem szükséges ahhoz, hogy haladjanak a folyamatok. Amikor látom, ahogy a nők próbálnak kemények lenni, szívesen megkérdezném: „Tudod, hogy mennyire könnyű lenne neked minden, ha egy kicsit manipulálnál?". Sok ember a manipulációt trükközésnek, vagy akár csalásnak látja, és ez is a része lehet a definíciójának. Azt is jelenti, hogy egy szituációval művészien, könnyedén és készségesen bánik, és én erről beszélek.

A minap megkérdeztem egy férfit, hogy megtenne-e valamit nekem. Kicsit megbiccentettem a fejemet, ránéztem a szemem sarkából, és megrebegtettem a szempilláimat, majd azt mondta: „Természetesen! Bármit megtennék neked, pláne ha így nézel". Tudjátok mit, hölgyeim? Ezt megtehetitek az üzletben. Még amikor tudják is a férfiak, hogy manipuláljátok őket, akkor is működik. Bármit megúszhattok. És még mókás is! (Uraim, ti is megtehetitek ezt.)

Nemrég egy nő elmesélte, hogy találkozója volt két férfivel. Nem abba az irányba mentek a dolgok, ahogy azt ő szerette volna, majd hirtelen rájött, hogy visszautasította eljátszani a szükséges szerepet nőként ahhoz, hogy megkapja, amit szeretne. Ezek ilyen agyalós férfiak voltak. Az egyik tudós, a másik producer. Rájött: „Egy kicsit kitehetem a dekoltázsomat, és lehetek az a feminin nő, aki valójában vagyok – és megkaphatom, amire vágyok". Egy kis dekoltázs, és energiahúzás, teljes mértékben!

Ekkor látta meg először, hogy milyen könnyedén megkaphatja, amire vágyik.

Férfiként üzletelsz? Nem kell főparancsnoknak lenned!

Sok férfinek az üzletben azt tanítják, hogy főparancsnoknak kell lennie. A férfiakat arra hajtja a társadalom, hogy ők legyenek a „Válasz Férfi". Azt hiszik, hogy szükséges mindig a hatóságként üzemelniük. Az elmúlt 2000 évben arra tanították a férfiakat, hogy parancsokat adjanak ki, és parancsokat kövessenek. Akik parancsokat követtek, amint szélesedik a hatáskörük, azt akarják, hogy mások kövessék az ő parancsaikat, mert ők is mindig ezt csinálták. Hajlamosak önkényes döntéseket hozni, és elvárják az emberektől, hogy azt csinálják, amit mondanak nekik. Ennek a megközelítésnek az a nehézsége, hogy manapság már nagyon kevés ember hajlandó vakon követni. És amúgy sem szeretnél magadnak vak követőket. Azt kéred, hogy hozzájáruljanak az emberek. A valódi vállalkozóknak, akik valóban haladni tudnak a dolgokkal, sokkal több kérdés van az univerzumukban. Ez a megközelítésük: „Mit tud ez az illető, és mivel járulhat hozzá?".

Mindenhol, ahol nem voltál hajlandó rendelkezni annak a könnyedségével és örömével, hogy férfiként vagy nőként üzletelsz, elpusztítod és nem teremtetté teszed isten tudja hányszorosan? Helyes, helytelen, jó, rossz, POD, POC, mind a 9, rövidek, fiúk és túlontúl.

Egyébként sem vagyunk férfiak vagy nők; végtelen lények vagyunk!

Ha lekorlátozod magad arra, hogy csak férfiként vagy nőként üzletelhetsz, nem annak a kiterjedéséből csinálod az üzletet, ami lehetséges, mert definíciókat hozol létre arról, hogy mi vagy te, vagy mi valaki más. Amikor férfiként vagy nőként üzletelsz, az már nem is az üzletről szól. Rólad szól. Úgyhogy arra kérlek, hogy ezt az információt használd arra, hogy megszerezd, amit igényelsz, és ezzel együtt ne tedd jelentőségtelivé.

Az üzletben meghozott minden választásod a mi királyságáról kell szóljon. Ha mégsem, limitálod a lehetséges növekedést és változást, és korlátozod, hogy mit fogadhatsz be másoktól.

A mi királysága valódi ereje, hogy képes vagy azt választani, ami neked és mindenki másnak is működik.

Huszonnegyedik fejezet

Légy önmagad és változtasd meg a világot

Sokan komoly témaként tekintenek az üzletre. Gyakran, amikor besétálok egy terembe, hogy Joy of Business (Üzlet Öröme) kurzust tartsak, mindenki hivatalos és senki nem mosolyog. Mintha ezt mondanák: „Most az üzletről fogunk beszélni. Ez komoly dolog. Mit fogunk csinálni? Üzleti tervet? Könyvelést? Mi fog itt történni?". Az üzlethez való hozzáállásuk eléri, hogy a téma nehéznek tűnjön. Létrehoznak egy összeszűkült, szilárd teret az üzletelésre, egy könnyed, örömteli tér helyett. Drámát és traumát generálnak az üzletben, hogy „valósabbnak" tűnjön. Azt is hihetik, hogy ha valami könnyed és nem szilárd, nincs értéke. Nem lehet mókás, ugye? (Dehogynem!)

Mindenhol, ahol nem voltál hajlandó arra, hogy az üzleted könnyed, örömteli és mókás legyen, igazság, elpusztítod és

nem teremtetté teszed, isten tudja hányszorosan? Helyes,
helytelen, jó, rossz, POD, POC, mind a 9, rövidek, fiúk és
túlontúl.

Önmagadként létezés

Az egyik legnagyszerűbb módja annak, hogy örömtelivé
és mókássá tedd az üzleted, hogy kitűnj a tömegből és vad
sikerekben legyen részed az, hogy önmagadként létezel. Az
önmagadként létezés annyit jelent, hogy rendelkezel a saját
valóságoddal, függetlenül attól, hogy néz az ki. Azt jelenti,
hogy senki másnak nem veszed be a nézőpontját. Amikor az
emberek elkezdenek egy üzletet létrehozni, generálni, gyakran
azt veszik kiindulópontnak, amit mások csináltak hasonló
üzletekben. Arra figyelnek, hogy mit csináltak előttük, mi
volt sikeres, mi volt sikertelen, ahelyett, hogy a saját tudásukat
követnék.

A Good Vibes for Younál az üzleti megközelítésünk nem
arról szól, hogy azt kéne csinálnunk, amit mindenki más,
és ahogyan létrehoztuk a palackozott vizeinket egy példája
annak, hogy mi történhet akkor, amikor az üzletedet az
alapján generálod és teremted, amit te magad tudsz. Nemrég
küldtünk egy ajánlatot Queensland Önkormányzatának.
Ökofalvakat építettek, és szükségük volt vízellátásra. Először
egy nagy vízművet kerestek meg, de ők nem voltak hajlandóak
aláírni egy nyilatkozatot, hogy környezettudatosak legyenek,
így Queensland Önkormányzata más cégektől is kértek
ajánlatokat. Egy olyan ajánlatot küldtünk, amiben szerepelt ez
a kérdés: „Mit igényel a bolygó tőled?" .

Amikor az ökofalvak egyik képviselőjével volt találkozónk,
elolvasta az üzleti ajánlatunkat, aztán megkérdezte:

„Megengednék, hogy elmenjek egy pillanatra? Szeretném megmutatni az ajánlatot a bizottság többi tagjának".

Kicsivel később visszatért a képviselő, és ezt mondta: „Beszéltem a bizottsággal. Soha nem találkoztunk még olyan céggel, amelyik feltett volna egy olyan kérdést, hogy 'Mit igényel tőled a bolygó?'. Szeretnénk az önök cégével dolgozni. Aláírná ezt a megállapodást? Tizennégy napon belül kifizetjük".

Amikor beleírtuk ezt a kérdést az ajánlatba, hajlandóak voltunk annyira őrültnek és másnak látszani, hogy ne kapjuk meg a munkát. Azt választottuk, hogy önmagunk maradunk, függetlenül a végeredménytől, és gyakorlatilag emiatt kaptuk meg a szerződést. Nem próbáljuk ugyanazt csinálni, amit mindenki más. Önmagunkként létezünk, és ez működik nekünk.

Légy önmagad és megváltozik a világ.

Légy önmagad és kiterjed az üzleted.

Légy önmagad és megmutatkozik a pénz.

Emlékezz: A pénz követi az örömet, az öröm nem követi a pénzt.

Mi lenne, ha elveszítenéd az emlékezeted?

Olyannak teremtsd és generáld az üzleted, amilyennek te szeretnéd. Ne arra alapozz, amit valaki más csinált, vagy amit te csináltál a múltban. Nem számít, hogy mit csinált a családod. Nem számít, hogy az iparágadban mit csináltak mások. Csak te tudod azt csinálni, amit te csinálsz. Lehet, hogy ugyanazt a terméket árulod, mint valaki más, de amikor önmagadként létezel, létrehozol egy olyan energiát a termékeddel, ami teljesen mássá teszi. Csodálatos vagy; egyedi vagy a világban. Van valami, amivel megajándékozhatod a világot. Arról szól, hogy „Légy önmagad, és megváltozik a világ". Nem arról, hogy „Légy olyan mint valaki más, és megváltozik a világ!". Ne úgy építsd az üzleted, ahogy mások építik a sajátjukat.

Mi lenne, ha úgy építenéd az üzleted, ahogy senki más?

Soha ne engedd meg senkinek, hogy megállítson

Említettem korábban a brit vállalkozót, Richard Bransont, aki többek között a Virgin Atlantic Airways tulajdonosa. Az egyik legújabb vállalkozása a Virgin Galactic, amivel fizető vásárlókat tervez eljuttatni az űrbe. Branson diszlexiás volt iskolás korában. Rossz jegyei voltak, így nem ment egyetemre. Gyerekkorában azt mondta, hogy „El fogom juttatni az embereket a Holdra". Képzelheted, mit gondolt erről mindenki. És most rakétahajói vannak! Az a filozófiája, hogy „Soha ne engedd meg senkinek, hogy megállítson!". Mi lett volna, ha Richard Branson elkezdett volna egy „igazi" munkahelyen dolgozni, mert a családja és barátai ezt mondták neki? Branson hatalmas hatással volt a világunkra, és ha megpróbálta volna úgy építeni az üzletét, mint mindenki más, ma teljesen máshogy nézne ki a világ.

Ez mindannyiunkra igaz. Ha Gary Douglas nem lett volna hajlandó annyira furcsa és csodás lenni, amilyen ő, bármi áron, ma nagyon máshogy nézne ki a világ. Ha nem lett volna hajlandó elmenni San Franciscóba, hogy felfedezze miről is szól az Access Consciousness, máshogy nézne ki a világ. Ha a barátom, Dr. Dain Heer, nem lett volna túllépni azon, hogy mennyi időt fektetett be a csontkovács karrierjébe, és elindulni egy olyan irányba, ami energetikailag sokkal inkább olyan volt, mint ő, ami valójában mindenkinek egy hatalmas ajándék, ma nagyon máshogy nézne ki a világ.

Mi az, ami nem vagy hajlandó lenni, ami létrehozná azt a változást a világban, amiről tudod, hogy lehetséges? Képzeld el, hogy mekkora hatással lehetnél a világra, ha hajlandó lennél önmagad lenni, követni az energiát, és kinyitni az ajtókat afelé, ami lehetséges?

Mindenhol, ahol nem voltál hajlandó elismerni a különbözőséged, és hogy mennyi mindent tudsz generálni, mennyi mindent tudsz csinálni, lenni, mennyi mindened lehet, mennyire tudod teremteni és generálni önmagad, elpusztítod és nem teremtetté teszed, isten tudja hányszorosan? Helyes, helytelen, jó, rossz, POC, POD, mind a 9, rövidek, fiúk és túlontúl.

Minden lehetséges.
Az egyetlen dolog, ami megállít, TE vagy!

Epilógus

Egyszer valaki megkérdezte Gary Douglast, hogy miként definiálja az üzletet. Erre ezt felelte: „Az üzlet annak a teremtésnek az öröme, ami kiterjeszti az életed azon keresztül, ami pénzt hoz neked". Hogyan lehet ez még ennél is jobb? A teremtés öröme, ami kiterjeszti az életed azon keresztül, ami pénzt hoz neked!

Mi számodra az az öröm, ami kiterjeszti az életedet, ami pénzt hozhat neked? Tényleg teremted és generálod ezt függetlenül attól, hogy milyen őrülten hangzik? Ha azt gondolod, hogy van egy ötleted, és ezt senki más nem csinálja, akkor tudod mi a helyzet? Az, hogy valószínűleg az egy nagyszerű ötlet!

Szavakkal nem lehet leírni azt az elképesztő csodálatot, hálát és tiszteletet, amit Gary Douglas és Dain Heer iránt érzek. Nagyon hálás vagyok azokért a célirányokért, hogy több éberséget és tudatosságot teremtsenek és generáljanak ezen a bolygón, függetlenül attól, hogy ez mibe kerül, függetlenül attól, hogy ez hogy néz ki.

Én velük tartok. És Te?

Szószedet

Létezés

Az Access Consciousnessben a létezés szót gyakran veled kapcsolatosan használjuk, hogy arra a végtelen lényre utalunk, amiként valójában *létezel*, azzal a kitalált nézőponttal szemben, amiről azt hiszed, hogy *vagy.*

Tisztító mondat

A tisztító mondat, amit az Access Consciousnessben használunk, a következő: *Helyes és helytelen, jó és rossz, POD és POC, mind a kilenc, rövidek, fiúk és túlontúl.*

Helyes és helytelen, jó és rossz a rövidített formája az alábbiaknak: Mi a helyes, jó, tökéletes és megfelelő ezzel kapcsolatban? Mi a helytelen, rossz, szörnyű, gonosz, alávaló és borzasztó ezzel kapcsolatban? Mi az, amiről eldöntötted, hogy helyes és helytelen, jó és rossz?

POD (point of destruction) a pusztítás pontja, ami közvetlenül megelőzi azt, amit eldöntöttél.

POC (point of creation) azon gondolatok, érzések és érzelmek teremtésének pillanata, amik közvetlenül megelőzték, amit eldöntöttél.

Néha ahelyett, hogy azt mondanánk, hogy „használd a tisztító mondatot", csak annyit mondunk, hogy „POD-POC-old".

Mind a kilenc a szarkupac kilenc rétegét jelenti, amiről éppen beszélünk. Tudod, hogy a kilenc réteg között kell, hogy legyen egy póniló is, mert nem lehet ennyi trágya egy helyen anélkül, hogy egy póniló ne lenne valahol a képben. Ez a sok szar, amit saját magad generálsz.

Rövidek, a rövid verziója ezeknek: Mi ebben a jelentőségteli? Mi ebben a jelentéktelen? Milyen büntetés jár ezért? Milyen jutalom jár ezért?

Fiúk a középpontos gömböket jelenti. Láttál már szappanbuborék fújót, amikkel a gyerekek játszanak? Belefújsz, és egy csomó buborék keletkezik. Egyet kipukkasztasz és jön a helyére egy másik, egy másikat kipukkantasz, és jön a helyére a következő? Ezek pont ilyenek, úgy tűnik, hogy nem fogod tudni az összeset kipukkantani.

Túlontúl azok az érzések vagy érzékelések, amik megállítják a szívedet, amitől fennakad a lélegzeted, vagy megállít abban, hogy keresd a lehetőségeket. Olyan, mint amikor a vállalkozásod veszteséges, és még egy utolsó felszólítást kapsz és ekkor előjön az ááá! Erre éppen nem számítottál. Ez egy túlontúl.

(A tisztító mondatról szóló fenti információ nagy része Gary M. Douglas és Dr. Dain Heer egyik nagyszerű könyvéből való, aminek a címe Right Riches for You – Neked megfelelő gazdagság.)

A szerzőről

Az ausztrál Simone Milasas egy másféle dinamikus vezető. Ő az Access Consciousness (www.accessconsciousness. com) világszintű koordinátora, a Good Vibes for You (www. goodvibesforyou.com) cég alapítója, és a kreatív szikra, aki életre lobbantotta a Joy of Businesst (www.joyofbusiness.com).

Simone már fiatal kora óta teljesen másképp működött az üzlettel és mindennel, ami ehhez kapcsolódik, mivel igazán szereti mindezt. Valójában több mint szereti, ténylegesen örömből funkcionál vele.

Élvezettel merül el kis- és nagy vállalkozások generálásában és terjeszkedésében, és nélkülözhetetlen volt különböző méretű csoportok vezetésében bizonyos projektek fejlődési szakaszaiban. Egy ötlet megszületésétől a megvalósításig, a fenntartáson és nehézségeken való átlépésben Simone-nak sikerül mindenben megtalálnia a könnyedséget, örömet és ragyogást.

Az a más hozzáállás, amit Simone az üzlethez és a vállalkozáshoz hozzáad, a hajlandósága arra, hogy folyamatosan kérdéseket tegyen fel, máshogy nézzen rá a dolgokra, hozzájárulás legyen azok számára, akikkel együtt dolgozik, és folyamatosan új választásokat hozzon. A saját szavaival: „Az üzlet az életem azon területe, ahol folyton kérdéseket teszek fel, és sosem feltételezem, hogy megvan a végső válaszom. Mindig hajlandó vagyok arra, hogy másképp jelenjenek meg a dolgok, és megváltoztassam azt, ami nem működik. Ez számomra az a kaland, ami az üzlet lehet".

Több cég munkatársaként és igazgatójaként, Simone folyamatosan tágítja az üzlettel és vállalkozással kapcsolatos éberségét, és olyan eszközöket és technikákat fejlesztett ki, amivel arra biztat, hogy egy más valóságod legyen a vállalkozásoddal. Amikor Simone konzulensként kliensekkel dolgozik, ezt a célt tartja szem előtt azért, hogy egy teljesen új energiát töltsön be abba, amit eddig csináltak. A *Joy of Business*en (Üzlet Öröme) keresztül Simone azt mutatja meg, hogy miként lehet az üzletet és a vállalkozást teremteni túl azon, amit ez a valóság lehetségesnek mond, és dinamikusan hatékony eszközöket ad neked, hogy megteremthesd azt, amiről tudod, hogy lehetséges az üzletednek.

www.ingramcontent.com/pod-product-compliance
Lightning Source LLC
Chambersburg PA
CBHW011801190326
41518CB00017B/2560